SHODENSHA
SHINSHO

韓国　堕落の2000年史

崔《チエ》　基《ケイ》鎬《ホ》

祥伝社新書

本書は小社より、平成十三年に単行本、平成十八年に祥伝社黄金文庫にて刊行された『韓国 堕落の２０００年史』に、井沢元彦氏の解説を加えて新書化したものです。なお、（　）は刊行当時のまま、〔　〕は今回の編集部が入れています。

はじめに

日韓間では、教科書問題をはじめとして歴史認識をめぐる摩擦が後を絶たないが、はたして日本人は、どこまで韓国の歴史について知っているだろうか。

韓国は一九八〇年代に民主化が行なわれ、いまでは一人当たり国民所得が中進国の上に達し、民主国家として国際社会の仲間入りをするようになっている。

しかし、韓国の政治・経済・社会・文化は、きわめて特異なものがあって、近代国家と呼び難いものである。韓国社会の内容は、その近代的な装いと異なって、どうしようもない前近代的な仕組みによって支配されている。今日の韓国が病んでいるのは、理不尽な社会であった李朝《りちょう》時代がほとんど改められることなく、そのまま続いているからだ。

李朝の社会がどれほど、おぞましいものであったのか、李朝時代がどのような歴史的な経緯によってもたらされたものか、ということを知らずには、今日の韓国人の心理や、その行動様式を理解することができない。

北朝鮮は朝鮮民主主義人民共和国と称しているが、李氏朝鮮がまさに名前だけ変えて存続しているといえる。文字どおりの虐政《ぎゃくせい》が行なわれており、民主とも、人民とも、まったく無縁である。李朝という下敷きがなければ、北朝鮮のような体制は出現しえなかっただろう。

韓国は国際社会に参加してきたから、民主制度の道を採らねばならなかった。国内における民主的覚醒が進んでいるものの、青瓦台《チョンワデ》として知られる大統領官邸への権力の過度の集中や、法を軽視した人治主義や、収賄構造が深い根を張っているのは、韓国民が李朝の呪《のろ》いから脱け出すことができないからである。

李朝では、権力がすべてだった。権力の座にすわった者が、暴虐の限りを尽くした。法は権力者によって、好き勝手に用いられた。権力の奪い合いは、凄惨《せいさん》をきわめた。民衆はただ搾取《さくしゅ》の対象となった。

権力者は美辞麗句を弄《もてあそ》んだが、人命も、道徳も、顧《かえり》みることがなかった。民衆は過酷な社会のなかで生き延びるために、偽《いつわ》ることが日常の習《なら》い性《しょう》となった。

李朝では役人の目や耳を欺《あざむ》くために、商人の間で反語《バンオ》が用いられた。買う時に「売る《バンダ》」

といい、売る時に「買う《サンダ》」と、まったく逆のことを言った。今日の韓国でも、いまだに反語的な発想がはびこっている。

かつては高い文化と独立性を保ち、近隣の国々からも高徳の民として尊敬を受けていた韓民族が、二〇〇〇年を経たいま、なぜこうも屈折した精神を持つようになってしまったのか。

韓国民は民族の歴史が、どこで、どう誤ってしまったのか、勇気を持って歴史と直面して、検証しないかぎり、真の民主主義と、明るい未来を手にすることができない。本書がその役に立てば、幸いである。

崔《チエ》 基鎬《ケイホ》

目次

一章　〝韓国病〟は、どこから始まったか？

──かつての高徳の民を頽廃《たいはい》に導いた痛恨の出来事

【神話時代から七世紀まで】

二章　悲劇の誕生、李朝《りちょう》成立——何が日韓両国の歴史の明暗を分けたのか？
【七世紀から十四世紀まで】

三章　血で血を洗う日々の始まり——骨肉相食《あいは》む、おぞましき五〇〇年史

【十四世紀後半から十五世紀まで】

四章　恨《ハン》の半島は、いかにして生まれたか
【李朝五〇〇年、腐敗の社会構造】
——両班《ヤンバン》の成立、苛酷な身分差別と士族の腐敗、女性蔑視

五章　血の涙と、号哭《ごうこく》の声——圧政下に咲いた民衆文化の精華

【李朝五〇〇年の民衆文学】

六章　李朝《りちょう》五〇〇年と、徳川三〇〇年
【十五世紀から十六世紀前半まで】
——なぜ李朝は、凄惨な政争に明け暮れなければならなかったのか？

七章　なぜ、秀吉の侵攻を許したのか？
――李朝が、事前の警告を無視しつづけた本当の理由

【十六世紀後半から十七世紀はじめまで】

八章　「屈辱の碑《いしぶみ》」が教えるもの——こうして朝鮮は、すすんで清の属国になり下がった

【十七世紀前半】

九章 いまに続く朝鮮の宿痾《しゅくあ》——なぜ、日本では党派争いが起こらなかったのか？

【十七世紀後半から十八世紀まで】

十章　呪われた帝国の最期——なぜ韓民族は、独立を失うにいたったのか？

【十九世紀から二十世紀初頭まで】

朝鮮・日本・中国　三国対照年表

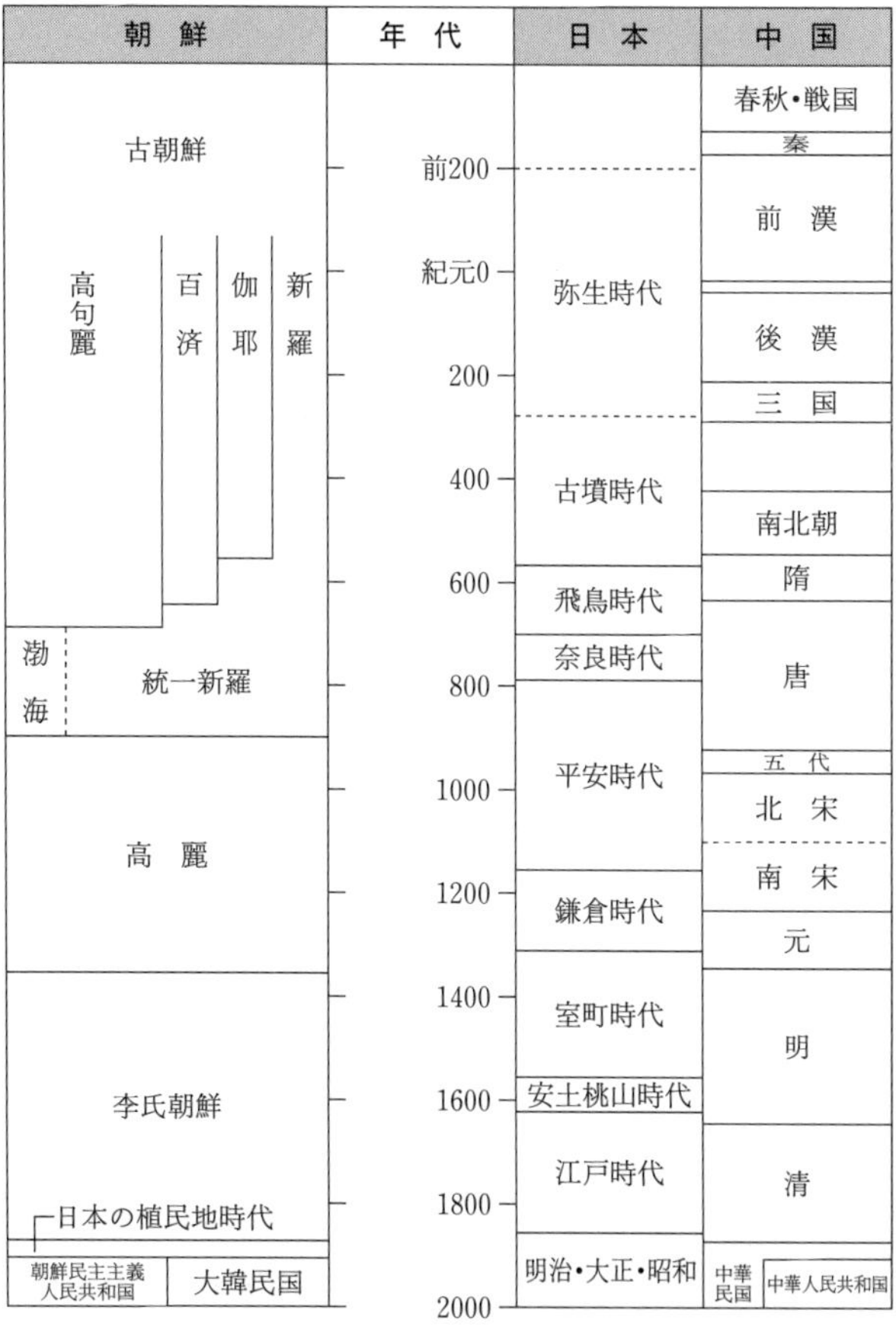

【神話時代から七世紀まで】

一章　〝韓国病〟は、どこから始まったか？

――かつての高徳の民を頽廃《たいはい》に導いた痛恨の出来事

高天原《たかまがはら》は韓国南部にあったという説

日本の建国神話の中心である「高天原《たかまがはら》」の故地が、従来言われてきた宮崎県の高千穂《たかちほ》ではなく、韓国東南部、慶尚北道《キヨンサンブツト》高霊《コリヨ》郡の高霊だった——こんな驚くべき学説が出され、日韓両国の学界から、注目を集めている。

加耶《かや》大学に付属する加耶文化研究所の主催によって、三年前、はじめて学術研究会が催され、そのときに両国の学者が当地に集まり、「高天原故地《コチヨンウオンコチ》」の石碑の除幕式も、行なわれた。

そして二〇〇一年にも加耶文化研究所が、韓日両国の歴史学者を高霊市に集めて、「高天原」の故地が、ここ高霊にあったとする説を検証する学術研究会が行なわれた。

そもそも高霊は、古代の大加耶《おおかや》の首都があった土地である。大加耶は任那加羅《イムナカラ》の前身である弥烏邪馬国《みおやまと》であり、『日本書紀』によって意富加羅国《おおからこく》と記されているが、紀元前から五世紀にかけて鉄文化を発達させた。

今年の研究会には、日本から馬淵和夫《まぶちかずお》筑波大学名誉教授、歴史研究家の寺本克之《てらもとかつゆき》氏、加《か》藤瑛二《とうえいじ》名城大学教授をはじめ四〇人。韓国側から李慶熙《イキヨンヒ》加耶大総長、李鐘恒《イジヨンハン》国民大前学長や、地元の郷土史学者などが参加して開催された。

研究会では李慶熙総長が『東国輿地勝覧《とうごくよちしようらん》』の記述に基づいて、天神である「夷毘訶《イビカ》」と、加耶山神である「正見母主《ジヨンキヨンモジユ》」の二人が結婚して、二人の息子を産み、兄の「朱日《サシル》」が大加耶国の初代王となって「伊珍阿鼓王《イジンアギ》」と称し、弟が金官加耶国の初代王になって「金首露王《キムシユロ》」と称したということを、指摘した。

『東国輿地勝覧』とは、李朝《り》に入ってから、三国時代以前からの史料をまとめて編纂《へんさん》された地理誌で、十六世紀の初頭に完成した。

そしてこの「伊珍阿鼓王《イジンアギ》」こそが『日本書紀』における伊奘諾尊《いざなぎのみこと》であり、孫である瓊《に》瓊杵尊《にぎのみこと》に「高天原」の天磐座《あまのいわむら》から「翡翠《ひすい》の曲玉《まがたま》、銅鏡、鉄剣」の三種の神器を授け、「豊葦原《とよあしはら》の千五百秋《ちいほあき》の瑞穂《みずほ》の国は、わが子孫が君たるべき地である、爾皇孫《いましすめみま》速く行って統治せよ。その国の栄えることは、天地が窮《きわま》りないのと同様であろう」と命じて、見送ったとされる天照大神《あまてらすおおみかみ》は、夷毘訶《イビカ》の孫のことだと説いた。

同祖同根だった日韓両国民

この説によれば、ここ高霊から、皇族である「瓊瓊杵尊」一行が海を渡って、倭国《わこく》に政権を打ち立てたことになる。日本から見れば、この地こそ古里であり、母国に当たるということになるわけである。

任那加羅《イムナカラ》、すなわち「任那《みまな》」の「任《イム》」は、韓国語で主人、あるいは母を意味しているから、「母の国」、あるいは「主人の国」という意味になる。

今日でも韓国では、目上に宛てて手紙を書くときには、「様」のかわりに「任」を用いる。

加藤教授は「今日まで高天原の故地は、九州の高千穂であると信じられてきたが、李総長がここ大加耶であることを突き止められたことに敬意を表すとともに、日本の歴史の故郷が、ここ高霊加羅《タカマガハラ》にあると認める。日本人の故地が、加羅にあることを広く知らせたい」と述べた。

もし、この説が実証されれば、日韓両民族はかなりの確率で同祖同根ということになる。この説は、日韓両族が同じウラル・アルタイ人種であって、生まれた時に尻に蒙古《もうこ》斑

5世紀ごろの朝鮮半島（高句麗の全盛期）

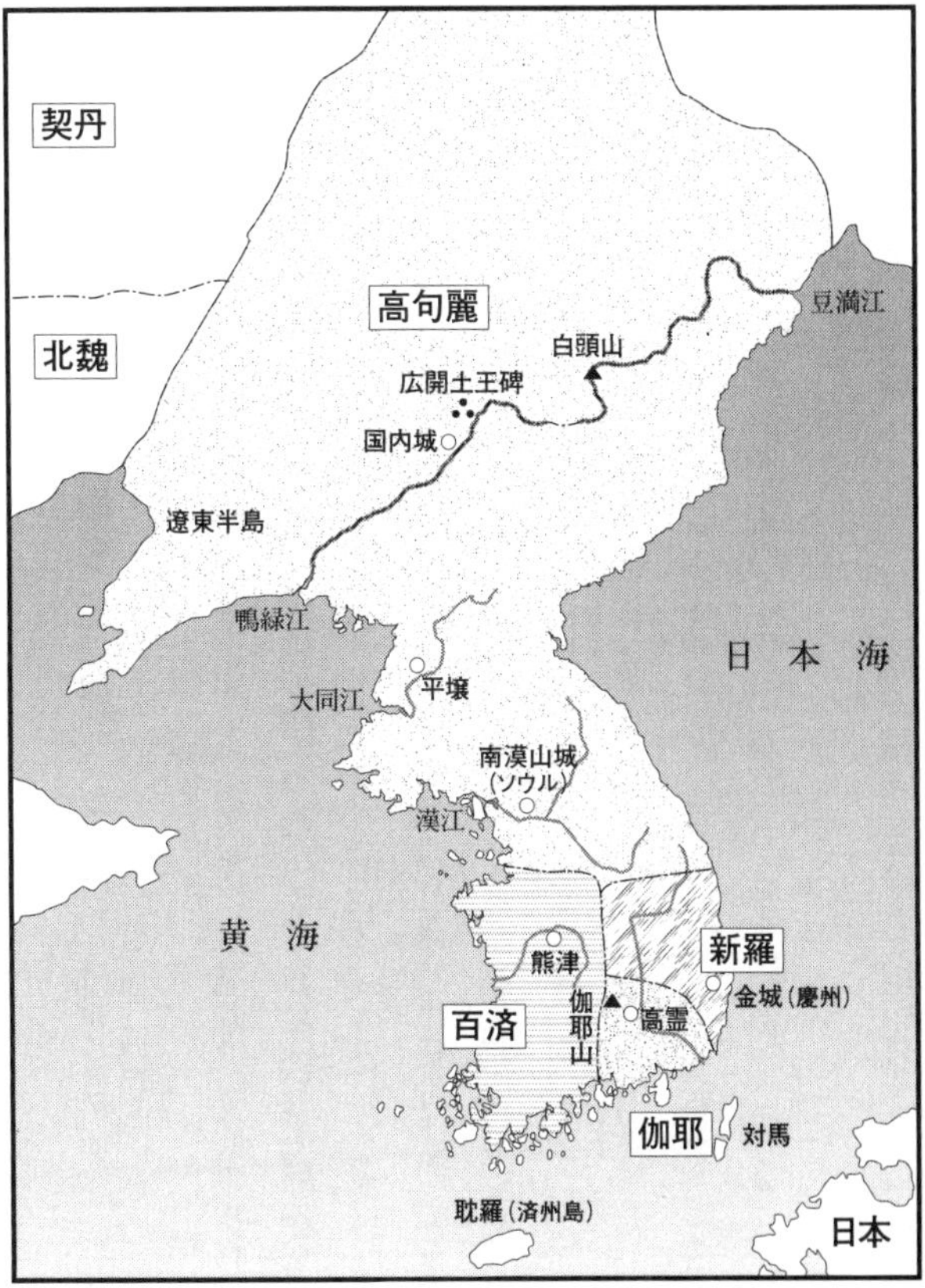

点が見られることによっても、裏づけられる。

「伽耶」は朝鮮半島南部にあり、高霊伽耶（任那伽耶、または意富《おお》伽耶とも）をはじめ、「六伽耶」と呼ばれる六つの国に分かれていた。

しかし、新羅《シルラ》によって、五三二年に金官伽耶が、五六二年に高霊伽耶が征服され、残った小さな四つの伽耶諸国も、次々と新羅の支配下に入った。こうして朝鮮半島の歴史は、新羅（しらぎ）、百済《ペクチエ》（くだら）、高句麗《コグリヨ》（こうくり）による三国時代へと移行していった。

李慶熙総長によれば、「伊奘諾尊、伊奘冉尊《いざなみのみこと》、天照大神、高御産巣日神《たかみむすびのかみ》」の諸神が、九州地方へ渡ったという形跡はまったくなく、現在でも高霊にある高天原に居住していて、渡ったのは「素戔嗚尊《すさのおのみこと》」と天孫である「瓊瓊杵尊」らだったという。

そして『日本書紀』に天孫が降臨したとされる「櫛触峯《くしふるたけ》」と「櫛日二上峯《くしひのふたかみだけ》」の「くしふる」が、伽耶の地にある「亀旨峰《クジボン》」のことであり（『古事記』では、「久士布多気」と表記）、「添山《そほりのやま》此云曽褒里能耶麻《そほりのやま》」が新羅の王都「徐伐《ソボル》」（現在のソウルの語源）であると、推測している。

馬淵教授は、百済、伽耶から発した「天孫民族が精強な武器を用いることによって日本国中を征服して、大和朝廷を建てた」と発表した。

高霊は大邱《テグ》から西南へ、三四キロ行ったところにある。高霊地方は伽耶山国立公園として知られる伽耶山麓の一帯の地域を指《さ》すが、ここに大伽耶の首都があった。

伽耶山には海印寺《ヘインサ》があるが、高麗時代の「八万大蔵経《はちまんだいぞうきょう》」（別名「高麗大蔵経」）という、厖大《ぼうだい》な量の木板（印刷のための版木）を所蔵していることによって知られている。この「八万大蔵経」は、韓国の代表的な文化遺産の一つである。


続々と日本に渡った韓民族をしのばせる遺品

高霊は、現在では人口一〇万人で、農業を主な地場産業としているが、意富《おお》伽耶の王宮跡の復元工事が進んでおり、大邱《テグ》から馬山《マサン》まで結ぶ邱馬高速道路を使えば、大邱から三五分ほどの距離にすぎない。

『古事記』と『日本書紀』は日本の最古の歴史書であるが、韓国南部にあった伽耶の国の王子たちが、当時、韓国よりも肥沃《ひよく》な九州地方へ向けて、先を争って舟で旅立っていったことを記録している。玄界灘の波を越えて着いたのが、博多地方であった。

『宗像《むなかた》神社の縁起《えんぎ》』（『日本書紀』神代上）によれば、天照大神は自ら産んだ三柱の女神の湍津姫神《たぎつひめのかみ》を玄界灘にある沖島《おきのしま》にある沖津宮《おきつみや》へ、市杵島姫神《いちきしまひめのかみ》を筑紫の宗像郡大島村の大島にある中津宮へ、田心姫神《たごりひめのかみ》を、宗像郡玄海町田島の宗像《むなかた》の辺津宮《へつのみや》に住まわせた。

三柱の女神はそれぞれ任務を与えられたが、天孫降臨の経緯として「三女神を筑紫洲《つくしのくに》に天降《あまくだ》らせて、三カ所の神社におくり、『汝三神宜《いましみはしらのかみよろ》しく道中《みちのなか》に降居《くだりま》して、天孫《あめみまご》を助け奉《たてまつ》り、天孫に祭《いつか》れよ』と命じた」と書かれている。

今回の説によれば、天孫とは、伽耶から玄界灘を渡って、九州地方に着いた王族や、官僚たちのことになる。

当時の日本に築かれた古墳が、韓国の古墳の形と似ており、副葬品としてやはり酷似《こくじ》した舟の埴輪《はにわ》などが多く出土するのも、古墳時代から伽耶族と百済族が舟で波浪を乗り切る冒険をしながら、九州地方へ渡ったことを偲《しの》ばせる。これらの埴輪や、銅矛《どうほこ》、銅鏡、石製紡錘《ぼうすい》車、石鏃《やじり》は、時には一度に数万人を数える多人数をもって、九州へ向けて海原を渡った人々の名残《なごり》をとどめている。

一時に数万人が渡ったというと、人数が多すぎると訝《いぶか》るかもしれない。しかし、大和朝

【年表１】三国時代から統一新羅の成立、そして滅亡まで

紀元前後	高句麗、新羅、百済が相次ぎ建国、伽耶を加え４国並立時代
400ごろ	百済王、王仁を日本に派遣、『論語』『千字文』を伝える
414年	高句麗、「広開土王碑」建立
538	百済の聖明王、日本に仏教を伝える
562	新羅が伽耶を併合、三国時代へ
598	高句麗、隋の侵略軍を撃退
607	**聖徳太子が遣隋使派遣、法隆寺を創建**
610	高句麗僧・曇徴が日本へ渡り、紙、墨を伝える
612	高句麗、隋の侵略軍を再度撃滅
645	高句麗、唐の侵略軍を撃退（安市城の戦い）
645	**大化の改新。蘇我氏滅亡**
660	百済滅亡、日本へ大量の亡命者
663	白村江の戦い。日本軍、唐・新羅の連合軍に敗れる
668	高句麗滅亡。若光王をはじめ、１万人以上が日本へ
676	新羅、唐の勢力を一掃し、韓半島を統一
710	**平城京に遷都**
751	仏国寺建立（慶州）
752	**大仏開眼供養**
757	新羅、全国の地名・姓名を、中国式に改める
794	**平安京に遷都**
802	海印寺建立（伽耶山）
889	各地で農民反乱
935	新羅・敬順王、高麗に投降。新羅滅亡
936	高麗による統一完成

（太字は日本の出来事）

廷が七世紀後半に百済を救うために出兵した時には、四万人を送っている。たとえ人数に誇張があり、事実はその半分だったとしても、数万人が一時に海を渡ったことになる。

二〇〇〇年六月に、兵庫県の日本海側の出石《いずし》町の遺跡から、一五隻の丸木舟の船団の姿を線刻した板が発見されたが、この町には新羅の王子の天日槍《あめのひぼこ》の渡来伝説が残っている。耳を澄ませると、船を操る人々の掛け声が聴こえてくるようだ。

日本の文字文化に貢献した王仁《わに》とその一族

当時の朝鮮半島は、どのような状況にあったのだろうか？　百済（前史時代を含めて紀元前四二年から紀元六六〇年）は古代世界において、他に類例を見ないほど高い文化水準を保っていた。

日本では四世紀末期の応神《おうじん》天皇の治世に、百済王が学者であった阿直岐《あちき》を派遣して馬二頭を天皇に貢上した。阿直岐は経典に通じていたため、皇太子であった菟道稚郎子《うじのわきいらつこ》の師となった。

この阿直岐が自分より優れているといって推挙したために、百済から王仁《わに》が来日した。

この時に、王仁は『論語』（十巻）と『千字文』（一巻）を伝えた。王仁は冶工《やこう》、醸造人、呉服師をつれて来朝したが、〝文《ふみ》の首《おびと》〟と仰がれ、日本に文字が普及するきっかけをつくった。

『日本書紀』によれば、当時の大和朝廷では、百済語が話されていた。百済語が日本語の源流であり、記紀、万葉集も百済語で書かれていたという説すらあるぐらいである。これは帝政ロシアの宮廷において、フランス語が用いられていたようなものだったろう。

今日でこそ、日本において韓国は「近くて遠い国」と呼ばれているが、王仁の時代には朝鮮半島と日本はほとんど一体といってよい関係によって、密接に結ばれていた。

王仁の子孫は代々にわたって河内《かわち》に居住して、朝廷に文筆と記録を編纂《へんさん》することによって仕《つか》え、日本文化の発展に貢献した。王仁はその名を『古事記』のなかでは「和迩吉《わにき》師《し》」、『日本書紀』では「王仁」と書かれている。

王仁は百済の近仇首王《キングスワン》代（在位三七五―三八四年）の学者であって、全羅南道《チョルラナムド》の霊岩《ヨンアム》の月《ウオル》出山《チュルサン》の麓《ふもと》にある聖基洞《ソンギドン》が生誕の地とされており、毎年、記念行事が催されている。

ところが、最近になって、一部で王仁が漢の高祖の子孫であるとか、後漢の霊帝の後裔《こうえい》であると唱えているのは、私に言わせれば史実を歪《ゆが》めているものである。

「紳士の国」として知られた韓国

加耶文化研究所の学術会議が開かれた日は、空が晴れあがって爽《さわ》やかだった。六月のこのあたりは、萌《も》えたつような緑が眩《まぶ》しく、もっとも快い季節である。私はかつての伽耶の都のあたりを散策しながら、韓日関係と、新羅、百済、高句麗による三国時代以後の韓国の悲しい歴史について思いを巡らせた。

当時の韓国は三つの国に分かれていたが、その時代までは、国際的に高貴な「紳士の国」として知られていた。「紳士」は日本では明治以後に英語の「ジェントルマン」の訳語として定着するようになったが、もっと古い言葉である。「紳」は貴人が衣冠束帯の時に用いる大帯であって、ここに笏《しゃく》をはさむことから、高い人格と教養を持った男子を意味した。

三国時代以前の韓国は、中国古代の地理書である『山海経《せんがいきょう》』や、中国の前漢の文学者である東方朔《とうぼうさく》（生没不明）による書物や、『三国志魏志東夷伝《ぎしとういでん》』などに現われるが、「仁と義」、「礼、勇、寛大」、「博愛と禁欲的な廉潔」、「自尊、武勇、快活」さに溢《あふ》れた国として描かれている。

なぜ、新羅《しらぎ》による統一が問題なのか？

だが、これほど高い徳と輝かしい文化を誇った朝鮮半島の三国時代は、一つの予期せざる大事件によって終止符を打った。新羅による朝鮮半島の統一である。

同じ民族によって統一がなったのだから、一見問題ないように見えるかもしれないが、新羅の場合は事情が違う。

新羅による統一は、外勢である唐《とう》と結託して、同胞の国であり、当時、アジアの強国であった高句麗と、世界の最高級の文化と芸術の国であった百済を不意討ちすることによって滅亡させたものだった（百済が六六〇年、高句麗が六六八年）。民族反逆の末に、自らを唐の属国としてしまった。ここに韓国人の意識構造に、異常を招く事態となった。

新羅は進んで唐の属国となることによって、卑怯、利己主義、機会主義、事大主義を蔓延《はびこ》らせ、韓民族を転落させたのだった。

これは朝鮮半島に禍根《かこん》を永久に残すことになった大事件であるが、今日の表現を用いてみれば、〝無頼漢《ムレハン》（ゴロッキ連中）〟が他民族の勢いを借りて、自分たちの民族国家を打倒したのだった。

もっとも、このような見方をするのは、私だけではない。かつて李光洙《イクアンス》が同じことを唱えた。李光洙は天才的な文芸家で、長編小説『無情』によって近代韓国文学の祖といわれているが、一八九二年に平安北道《ピョンアンブッド》で生まれ、日本の早稲田大学に留学した。強烈なナショナリストであり、一九一九年に三・一独立運動の推進者の一人として、日本留学生による独立宣言を起草した。東亜日報編集局長、朝鮮日報社副社長を務め、一九三七年に日本の警察によって検挙された。

太平洋戦争中は学徒動員などで、積極的に協力したとして、戦後、糾弾もされた。

李光洙は「春園」の号によって知られるが、一九五〇年に朝鮮戦争が始まると、ソウルから逃げ遅れ、北へ拉致《らち》された後に消息を絶った。一説ではこの時に連行された知識人のなかで、ただ一人だけ反米文書に署名することを拒んだために、処刑されたといわれる。

彼は早くから、新羅による朝鮮半島の統一と、その後の十四世紀に起こった李朝の成立

統一新羅の版図（7世紀おわり）

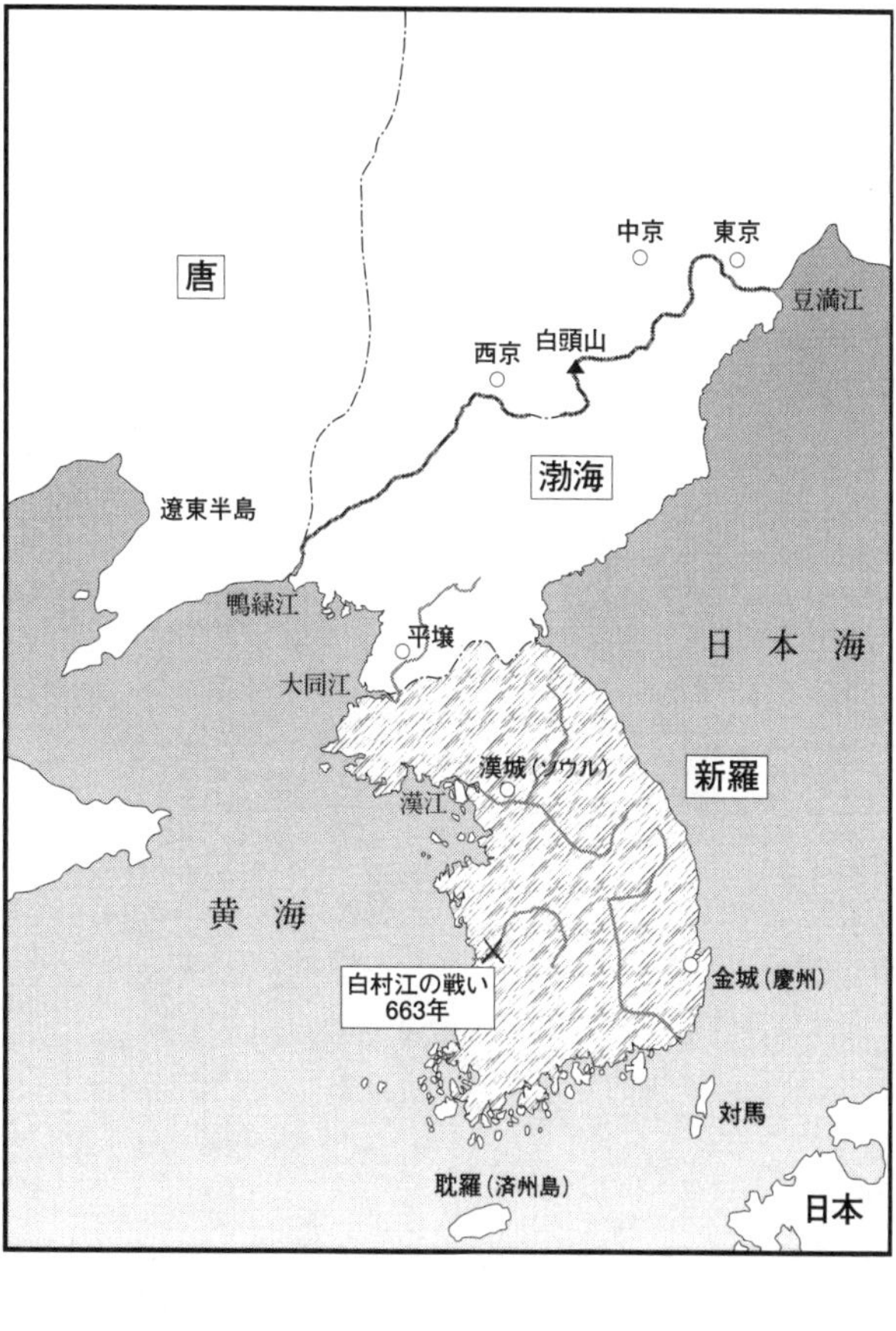

という二つの事件を、韓民族の民族性を歪《ゆが》め、今日のような頽廃《たいはい》に陥れた大元凶と位置づけていたが、私もまったく同感である。

韓国民は〝韓国病《ハングクピョン》〟によって苦しめられてきたが、これこそ、新羅が進んで中国の属国になることによってもたらされた国民性の頽廃そのものなのである。韓国病の病根は、それほどまでに根深い。

金大中《キムデジユン》大統領も、その前任者の金泳三《キムヨンサム》大統領も、「韓国病」という言葉をしばしば使って政財界の綱紀の乱れを正すことに努力してきたのにもかかわらず、成果が容易にあがらないのも、当然である。

換骨奪胎《ファンコルタルテ》という言葉があるが、韓国にとっては縁遠い話である。しかし、これができないかぎり、韓民族はけっして栄光ある紳士の国になることを望むことができない。中国の軛《くびき》を断ち切って、国民精神を三国時代の高句麗と百済の昔へ戻さねばならない。

いまも残る中国に対する事大主義

「統一新羅《トンイルシルラ》」という言葉は美しく響くが、先にも述べたとおり（31ページ）、新羅は、当時の東洋の模範的な国家であった高句麗と百済を、外国である唐の軍を引き入れて、不意討ちによって倒した。

百済が六六〇年に滅びた後、日本の大和朝廷が四万人の陸海軍を朝鮮半島に派兵して、「白村江《はくすきのえ》の戦い（六六三年）」を戦ったことが、『日本書紀』に詳細に記されている。そして六六八年に新羅・唐連合軍が、高句麗を滅ぼした。

当時、高句麗の版図《はんと》は、今日の北朝鮮から満州・シベリア沿海州にまで及んでいたが、新羅は満州からシベリア沿海州にわたる領土を放棄して、「国土統一」を成就《じょうじゅ》させたのだった。

韓国古代史は統一新羅を美辞麗句をもって謳歌しているが、新羅が自らを「大唐国新羅郡」と卑下《ひげ》して呼んだことも記録している。このような環境のもとで、国を失った高句麗と百済の遺民の心境は、その後、卑屈におち、紳士どころではいられなかった。その結果、中国に対する〝事大思想〟は、今日でも、いまだに韓国で幅をきかせている。

武蔵《むさし》の国に亡命した高句麗《こうくり》王

百済と高句麗が滅びた時に、両国の多くの遺民が日本を目指した。『日本書紀』は「百済《くだら》の遺民二十万人程度が白馬江《はくばこう》、錦江《きんこう》、海浜を伝わって日本へ渡ってきた」ことを、詳しく伝えている。また、高句麗の遺民一万余名は、若光王《じゃっこうおう》の指揮のもとで援軍を頼みに、日本へ向かったのであった。

『続日本紀《しょくにほんぎ》』は、「元正《げんしょう》天皇霊亀《れいき》二（七一六）年、駿河《するが》、甲斐《かい》、相模《さがみ》、上総《かずさ》、下総《しもうさ》、常陸《ひたち》、下野《しもつけ》の七ケ国在住の高麗《こうらい》（高句麗）人一七九九人を武蔵国《むさし》に遷《うつ》し、高麗《こま》郡を置く」と記録している。

埼玉県日高《ひだか》市にある高麗《こま》神社が昭和五十四年に発行した『高麗神社と高麗郷』は、次のように述べている。これは昭和六年に刊行されたものを、復刻したものである。

「武蔵国の高麗郡及び新羅郡、甲斐の巨摩《こま》郡、摂津《せっつ》の百済《くだら》郡、其の他諸国に於《お》て、朝鮮古代の国名を以て、都邑《とゆう》の名、山川の名、原野の名となすもの少からざる事を思へば、日韓の歴史的関係及び日韓融和共栄の上より見て、一種無限の思慕感懐の念が油然とし

て起るを禁ずる事能《あた》はざるなり。（略）
天智《てんじ》天皇の御世に当り、朝鮮古代の高句麗・百済の二国の亡《ほろ》ぶるや、之《こ》の国の上下の人の我が国に移住帰化して、ついに王臣となり、日本国民となり、長く王室を護《まも》り、国事に尽力《じんりょく》した者は多い。（略）
当時、武蔵国は古代日本の帝都所在の地を去ること数十百里、王化未《いま》だ洽《あまねし》からず、所謂《いわゆる》辺陬《へんすう》の地方にして、帝都所在の畿内《きない》地方に比して、地は広漠、人は稀薄。現時の如き繁栄ならず。

分けゆけど花の千草のはてもなし
　秋をかぎりの武蔵野の原
出づるにも入るにも同じ武蔵野の
　尾花を分くる秋の世の月

の歌によりて、以て王朝時代の武蔵野の広漠無極の如き状態を想見すべし。斯《かく》の如《ごと》き処《ところ》に多数の高麗人が既《すで》に今より一千二百余年前に、其《そ》の開墾《かいこん》拓殖に従事して、以て現代繁栄の基を建て、源を発せし事は、武蔵野・東京府、埼玉県等を云々する者の必ず注意もし、思念もすべき事なり」

この『高麗神社と高麗郷』は、高麗神社の祭神である高句麗王であった若光王についても、詳しく記している。若光王がどうして遠くかけ離れた東海の日本まで、追われて移ったのか思うと、国の興亡の歴史について、後世に生きている私としては、心から涙を注ぐほかない。

韓国と日本の交渉が遠く神話時代に遡《さかのぼ》ることは、周知のことである。韓日間には垂仁《すいにん》天皇の治世に天日槍《あめのひぼこ》（新羅の王子）が来朝したのをはじめとして、深い交渉があった。日本が帰化人から当時のアジアにおける進んだ文化を摂取したことは、唐の『晋書《しん》』に、「東国（注・日本）に文字無し、高句麗独り之を有す」と記されているのによっても分かろう。

『日本書紀』のなかで、人工の灌漑《かんがい》施設である韓人池が登場するが、日本の歴史において高麗人の名がもっとも早く載《の》っているものである。応神《おうじん》天皇七年秋に、高麗人、百済人、新羅人が来朝して、武内宿禰《たけうちのすくね》が詔《みことのり》を奉じて、これらの帰化人に池を造らせて「韓人池」と名付けた。

文化先進国・高句麗の帰化人の貢献

『高麗神社と高麗郷』は、「高句麗が新羅百済と共に、我国文化の精神物質両方面に、如《い》何《か》に多く貢献する所があったかは、多言を要せぬことであらう」と説いている。

高句麗は好太王《こうたい》の治世に、国勢がもっとも振るった。高句麗は国土を開拓しながら南下して、朝鮮半島の北半分を平定した。その子の長寿王は、都を国内城《クンネソン》（旧満州奉天地区）から平壌《ピョンヤン》に移した。この時の版図は、現在の中国・東北部、瀋陽《しんよう》、長春《ちょうしゅん》のあたりから、遼《りょう》東《とう》以東の遼東半島一帯、東は遠くウラジオストックのある沿海州にまで及んだ。

そして北方の強国として、隋、唐にも屈せず、その侵攻に際しては、隋の煬帝《ようだい》の率いる二〇〇万の大軍を破り（六一二年）、再戦して唐の太宗《たいそう》にも勝った（六四五年〜）。太宗をして「魏徴《ぎちょう》（唐の功臣）若し在らば、我れをして此の行あらしめざりけんに」と、悔恨せしめたほどだった。

この先進国だった高句麗は、『日本書紀』によれば、仁徳《にんとく》天皇十二年に、鉄製の盾《たて》と鉄の的《まと》を贈り、日本の武器の進歩にも、大きく貢献した。

また仁賢《にんけん》天皇六年には、日本から派遣された使者日鷹吉士《ひたかのきし》の要請に応じて工匠を送り、建築工芸の上に著しい進展をもたらした。

推古《すいこ》天皇十七年には、僧の曇徴《どんちょう》が来朝し、三十二年には僧恵灌《えかん》を送って、日本の仏教文化の発展を促した。曇徴は五経に通じ、聖徳太子に仏教を講じた。また、彩色、筆墨をつくる技術に長じていたが、碾磑《ひきうす》も伝えて、日本の国民の生活を大きく向上させた。


「この東方の文化国、強剛四隣に鳴った雄邦の高句麗が建国後七百余年、我が天智天皇の御代、高句麗王第二十八代實藏王の代に到って、唐新羅の連合軍の来寇《らいこう》により、遂に亡国の悲運に際会した。（略）高句麗の貴族と住民が続々と海を渡って我国に亡命し来った。（略）未開拓の茫漠たる大武蔵野を、彼等に開拓して貰ふことが、最も策の得たるものと考へられたのであらう。かくして新に置かれたのが高麗郡であった。そして此の高麗郡に移された高句麗人の首長となって彼等を統率したのが、続《しょく》日本紀文武《もんむ》天皇大《たい》宝《ほう》三年四月の條に『乙未従五位下高麗若光賜王姓』とある高麗王若光その人であった」

（『高麗神社と高麗郷』）

高麗王が武蔵野に入ったのは、高句麗が滅亡してから四〇年後だったから、王もかなりの高齢であったろう。故国を去る時は、日本の援《たす》けを借り、援軍を率いて祖国に還って高句麗王国を再興しようと心中固く期したことだったろう。しかし、王は王国回復の希望もまったく絶えて、武蔵野の一隅にあえなく没した。暗涙を誘うものがある。

近隣諸国が記した古代韓国への賞讃

先にも少し触れた（30ページ）が、韓の地は三国時代が終わるまで、国際的に紳士の国として尊敬されていた事実は、各国の多くの文献に記録されている。

『日本書紀』も、高句麗、百済、新羅の三つの国から、文化人たちが年々歳々、「男負女戴（男は子を背負って、女は子を抱いて）」の群衆を引率して日本に到来し、「日本の建設と開化の役割」を果たしたことを記している。

前にも挙げた（30ページ）中国古代の地理書である『山海経』は、韓人たちを評して

「君子国在其北（君子の国が北にあり）」、「其人好譲不争（その人達は譲歩する事を好み、争うようなことはしない）」と称《たた》えている。

中国の東晋の詩人であり、学者であった郭璞《かくはく》（二七六―三二四年）は、「東方氣仁国有」「礼譲礼委論理」と激賛している。

このように当時の中国の中国の韓族に対する印象は、「礼儀正しく仁義」、「紳士の国」というものであり、韓族が自分たちよりも道徳の面で優れていることを認めていた。

東方朔《とうぼうさく》は前漢の武帝《ぶてい》の側近であったが、「東方に君子があり、男は皆衣冠束帯しており、女子は皆色のある衣服を着て、常に恭順のまま坐っていて、お互いに規則を犯す事なく、各人共に尊敬し合い、他人が病いになやめば、死力をつくしてその人を救う。この様な人柄は、馬鹿のようにも見えるが、彼等は最も誠実な善人である」と述べている。

『三国志』も扶余《ふよ》族（韓族の前身）について「その人たちは性質が至誠であり、欲張らないうえに、廉恥《れんち》がある」と称《たた》えている。

後漢の事跡を記した史書の『後漢書』の『東夷伝』には「扶余の人たちは体は大きく強いばかりでなく勇敢でありながら、謹厳であり、盗む事なく、通行する人は夜・昼もない程であり、歌声は絶える事なく明朗である」と称え、東沃沮（朝鮮半島北部にいた高句麗系）に対しても「人間の性質が正直で勇気がある」といって、「夷」の字を使わずに、代わりに「従大従弓」（大きな弓を持って歩く人々）と呼んでいる。また、扶余族が武勇の民であり、君子の国であるとしてほめ称えていた。

進んで中国の属国になり下がった新羅と李氏朝鮮の大罪

韓族はこのように旺盛な活力を持っていたのに、新羅による統一を機として衰退しはじめた。仁・義・礼・勇が充溢した独立自尊、高徳の国は、民族内部の裏切り者によって、かつて敵であった隣国の属領になり下がったのである。

そのことが何を意味するかというと、中国は今日に至るまで、どの時代をとっても孔子《こうし》をも絶望させたように、社会がつねに腐敗していたが、この深い泥沼のような中国文化に組み込まれてしまったことが、韓民族に最大の不幸をもたらしたのである。

新羅は中国の属国となることによって、唐の元号を用いるかたわら、名前や、服装を唐風に改めた。韓人の姓は三国時代までは二字姓だったが、創氏改名が強《し》いられ、一字姓となった。

またくわしくは後の章で述べるが、民族の衰退を加速させた二番目の要因は、李氏朝鮮の成立（一三九二－一九一〇年）であった。

李朝《りちょう》は徹底した悪政を行ない、極悪無道の利己主義によって国を支配した。国王が横暴な「無所不為」（ところ構わず不可能のないこと）の「生殺与奪《せいさつよだつ》」の権力を振るった。そうすることによって国民から創意と開発心を奪ってしまったことは、韓族にとって近代に至るまで、深刻な悲劇を招いた。

近代韓国の先覚者であり、先にも紹介した李光洙は、新羅の朝鮮統一と、李朝の成立によって、韓民族の民族性が次のように歪められたと指摘している。

一、虚言と偽騙《ぎへん》行為がはびこることによって、相互間の信頼心が失われた。このために詐欺的な態度がひろまるようになった。

二、空理空論を弄《もてあそ》び、美辞麗句を連ねる。頂上の権力者は生殺与奪の権をはじめ、不可能なことがないほど、思うままに権力を振るい、一切の責任を負わない。

三、表裏不同だ。人の面前では諂《へつ》らい、背後では悪様《あしざま》に言う。恥をまったく知らない。
四、卑屈、物事に怖《お》じけ恐れる。他人の思惑ばかりを気にして、決断する能力が低い。
五、反社会的利己心によってのみ動かされ、公益には無関心だが、自己、家族、党派について極端な利己主義を発揮する。

これこそ、現在の韓国を深く蝕《むしば》む〝韓国病〟そのものにほかならない。

本章の冒頭でも述べたが、今日の韓国では、日本神話の源流が朝鮮半島から発しているとするさまざまな研究が、全国において盛んに行なわれている。ソウルにおいてこのような学術研究会が催されている。しかし、このような研究が、韓国が日本の兄貴分であるという優越感にいたずらにひたるものであってはなるまい。

歴史は教訓に富んでいるものである。韓日交流史を古代に遡《さかのぼ》って学ぶ時には、韓民族が歴史の過程において中国的なものにとらわれてしまった民族の悲劇を、覚《さと》るものにならねばならないと思う。

【七世紀から十四世紀まで】

二章　悲劇の誕生、李朝《りちょう》成立

――何が日韓両国の歴史の明暗を分けたのか？

内部の敵によって、二度も国が滅ぼされた

では、このようなきわめて近い、あるいは同根同祖と言っていいかもしれない日韓両国民が、その後、なぜこのように対照的な道を歩むことになったのか。

つまり、日本人がつねに柔軟に先進文明を摂取しつづけ、近代化にもいち早く成功したのに対し、韓国が頑迷固陋《ころう》な中華文明の中に留まり、一切の発展を拒否しつづけて、その結果、近代の悲劇を招いたのはなぜか。

この疑問に答えるために、もう少し韓国の歴史を検証していくことにしよう。

さて、韓族の国家が七世紀までに確立した領土は、満州からシベリア沿海州にも及び、文化と芸術においても独特の光彩を放ち、隋、唐とも拮抗《きっこう》する力を有していたことは、前章で述べたとおりである。

隋は漢帝国の崩壊の後、約四〇〇年ぶりに成立した中国統一国家であった。五八九年に統一を達成すると首都として長安を築き、威勢を振るった。だが、高句麗は、その隋に対して、大小の戦闘を加えると、総計で三三回も戦ったことが記録されているが、そのつど勝利を収めた。

隋の初代皇帝である文帝《ぶんてい》は、高句麗を征服しようとして、三〇万人の大軍を送ったが、完敗した。隋朝の二代目の煬帝《ようだい》は、『三国史記』と『隋記煬帝・上之下』によれば、二度にわたってそれぞれ二〇〇万人と一一〇万人の大軍を高句麗に送ったが、高句麗軍の手によってやはり潰滅《かいめつ》させられた。隋朝の崩壊は、高句麗への遠征に、国力を傾けすぎたことが、もっとも大きな原因となった。

煬帝は六一八年に親衛隊によって弑《しい》され、同年に李淵《りえん》が唐朝を創建し、高祖《こうそ》となった。

李淵の第二子の世民《せいみん》が、玄武門《げんぶもん》の乱によって兄と弟を殺して、その皇位を継いだ。太宗《たいそう》世民は、六四五年に自ら大軍を率いて、隋時代からの念願である高句麗攻略のための大軍を発進させたが、遼東半島の山城であった安市城の攻略戦で敗れた。その後、高句麗への侵攻を三回続けて試みて、失敗したことが、唐の各地において内乱を招く原因となった。高句麗の乙支文徳《ウルチムンドク》、淵蓋蘇文《ヨンゲソムン》らの名将が、その都度、よく戦い、これを撃破したのだった。

このように七世紀前半までのアジアにあって、高句麗は軍事大国であった。また百済《くだら》も文化大国としてその繁栄を誇っていた。

だが、一章でも述べたとおり、韓族の悲劇は二度にもわたって、内部の敵によって、国が滅ぼされたことである。その結果、せっかく築いた広大な国土と民衆を放棄し、〝韓国・朝鮮病〟を胚胎《はいたい》させた歴史を招いた。

民族の心を復興した高麗《こうらい》王朝の繁栄

自ら唐の臣下になり下がることによって、背後から百済と高句麗を攻め滅ぼした新羅は、九世紀に入ると、中央の権力が弱体化して国内が乱れ、地方で豪族が割拠《かつきょ》するようになった。そして九三六年に高麗朝と交代した。

高麗朝はナショナリズムを甦《よみがえ》らせ、高句麗と百済の精神的な再興を企て、再び韓民族の誇りを取り戻させた。仏教文化が興隆し、一章で紹介した海印寺《ヘインサ》の「八万大蔵経」の版木も、この時代の文化の所産だった。

だが十三世紀に入って、モンゴルがアジア大陸において勢力を大きく伸ばすようになると、高麗は、この世界帝国への対応に追われることになった。一二〇六年にチンギス・ハン（成吉思汗）がモンゴル諸族を統合し、モンゴル遊牧帝国の創建者となると、一二三一

【年表2】高麗の統一から滅亡まで

936年	高麗、統一を完成
993	契丹、初の来襲
1005	このころ『源氏物語』成立
1087	『八万大蔵経』完成
1107	東北部の辺境をめぐって、女真族と争う
1145	『三国史記』成る
1180	**源平の合戦始まる**
1192	**鎌倉幕府成立**
1231	モンゴルの高麗侵略始まる
1232	都を開京《ケギョン》から、江華島《カングアド》へ移す
1234	世界最古、金属活字による出版
1270	モンゴルに降伏。三別抄軍の抗戦始まる
1273	3年にわたる抗戦の末、三別抄、モンゴルに敗れる
1274	**元軍来襲。文永の役**
1281	**元軍が再度来襲。弘安の役**
1285	『三国遺事』成る
1338	**室町幕府成立**
1359	中国・紅巾賊の一党、平壌に侵入
1365	高麗、元の勢力を排除
1388	李成桂《イソンゲ》、対明討伐のための出撃途中で軍を返し、政権を掌握
1392	高麗滅亡、李氏朝鮮始まる

年には、高麗へ第一次侵攻を行なった。

その後、チンギス・ハンの末子の子であり、第五代皇帝のフビライ・ハンが中国の統一を成し遂げ、一二七一年に中国の伝統を受け継ぐ正統王朝として、元朝《げんちよう》を樹立した。そして、その後、一世紀にわたるモンゴル人による漢人支配が始まった。

高麗は二十三代の高宗《コジヨン》のもとで、モンゴル軍の第一次侵攻を蒙《こうむ》ると、いったんは講和を結んだが、抗戦を決意して、都を開京《ケギヨン》から、その西方にある江華島《カングアド》へ移した。開京は現在の北朝鮮の南西部にある開城《ケソン》である。

モンゴル軍は江華島を攻めあぐねた。しかし、二十四代の元宗《ウオンジヨン》が講和の道を選んで、モンゴルから侵略しないという約束を取りつけ、一二七〇年にモンゴルの要求にしたがって、開京に遷都した。同時に精鋭軍の解散を命じたことから、事態が急変した。

モンゴルの日本侵攻を七年遅らせた高麗の抵抗

高麗朝には、一般国務から独立した総帥権《そうすいけん》によって動く「三別抄《サムピヨルチヨ》」が存在した。「別抄」は勇士によって組織された選抜軍を意味したが、最初は盗難を取り締まるためにつく

高麗の版図と蒙古軍の侵入（13世紀）

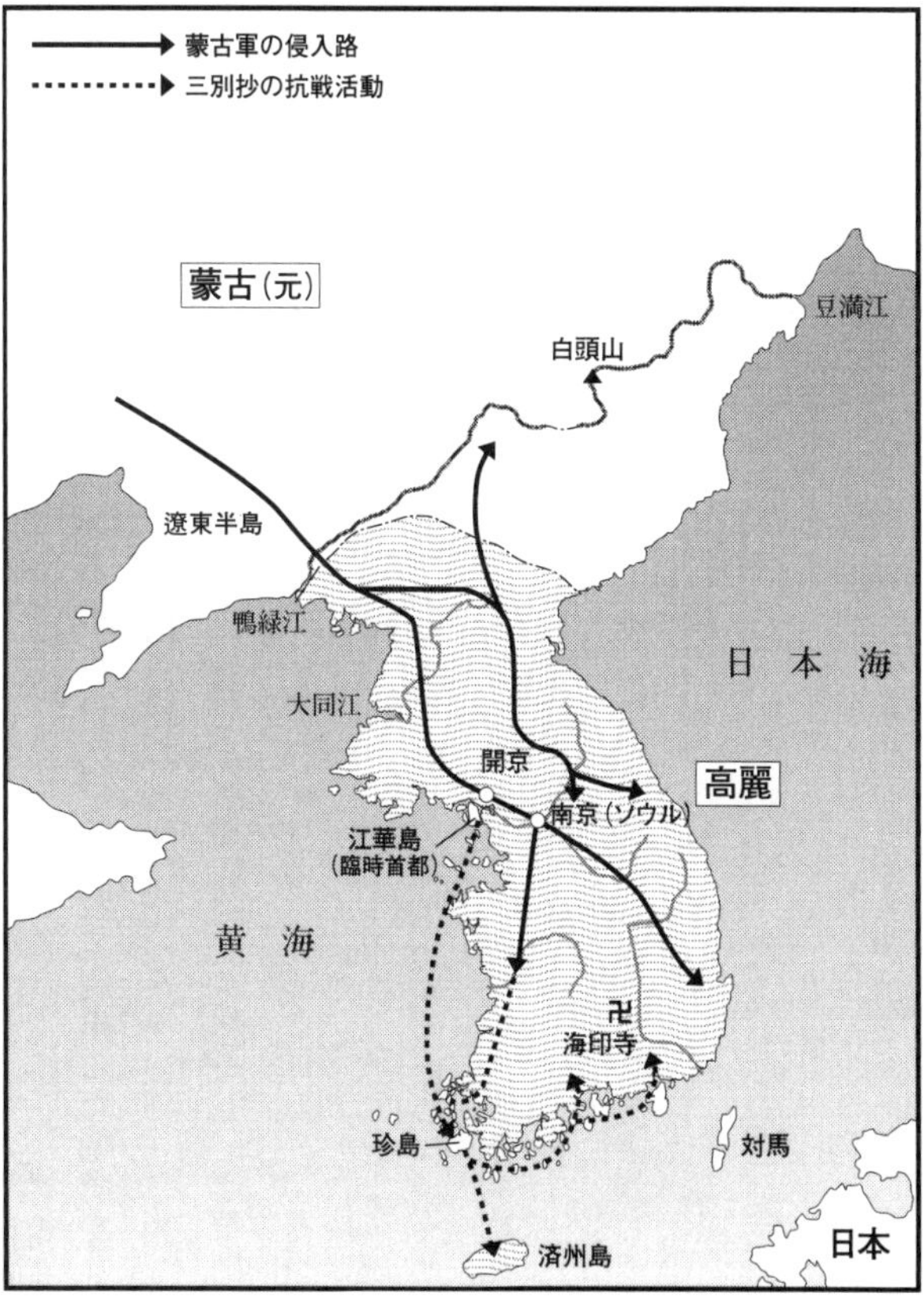

られた「夜別抄《ヤビョルチョ》」から始まった。この組織がしだいに拡大したことから、「左別抄《ジャビョルチョ》」「右《ウ》別抄《ビョルチョ》」の二つに分けられた。そして、モンゴル軍に捕えられて脱出した捕虜から「神義軍」が組織され、左、右、神義の三軍を三別抄と呼ぶようになった。

中央の正規軍であった三別抄は、モンゴルに対する無条件降伏を拒《こば》んで、江華島に籠《こも》り続け、王族のなかの一人を王として推戴《すいたい》して、徹底抗戦することを表明した。そうして無条件降伏した国王とモンゴルを相手に戦う姿勢をとり、全国に向かって「救国の志士は集合せよ」という檄《げき》を飛ばしたために、全国から青年志士が国土防衛のために続々と志願して、馳《は》せ参じた。三別抄は高麗の南半部を掌握するとともに、南沿岸沖の制海権を掌中に収めた。しばらく後に、本拠地を江華島から全羅道《チョルラ》の珍島《チンド》へ移した。

モンゴル軍はこのような状況のもとで、一二七〇年六月に再び大挙して来襲し、高麗本土に侵入した。三別抄は忠清道《チュンチョン》、全羅道、慶尚道《キョンサン》の穀倉地帯に加えて、耽羅《タムラ》として知られていた済州島《チェジュド》の要衝も抑えて、モンゴルとの戦闘を続けた。政府からの追討使も、恐れて逃げかえる形勢であった。

モンゴルは一二六六年から、日本に入貢《にゅうこう》と恭順を求める行動を開始した。一二七〇年には「屯田経略司《とんでんけいりやくし》」を設置し、日本へ赴くモンゴル人使節の趙良弼《ちょうりょうひつ》が高麗に到着した。屯田経略司は軍の食糧を確保するために、農民と農土を管理する司令官である。しかし、日本への航路に当たる朝鮮海峡の制海権が、三別抄によって握られているために、動くことができなかった。

モンゴルにとって珍島の三別抄を討つことが緊要の課題となった。五月十五日に、本来は日本遠征のために準備されたモンゴル軍と高麗政府連合軍は、屯田経略司長官のモンゴル人将軍・忻都《きんと》に率いられて、珍島を攻略した。そこで王として擁立されていた温《オン》を殺し、一万余人の男女を捕虜にした。

こうして日本遠征の障害がいちおう取り除かれたので、使節の趙良弼が日本へ向けて出発した。

珍島は陥落したものの、残った三別抄は金通精《キムトンジョン》を首領にして本拠を耽羅に移し、再び猛烈な活動を展開した。そして全羅・慶尚南北道から、京畿《キョンギ》道までも出撃して、南部の穀倉地帯を占拠し、またもや制海権を握った。そのためモンゴルは、日本遠征のための航路と食糧を確保するために耽羅を攻撃した。

一二七三年四月、モンゴル・高麗政府連合軍が耽羅へ攻めこんだ。激戦の末に、三別抄も衆寡《しゅうか》敵せず、ついに敗れた。三別抄による江華島の蜂起から、三年が経過していた。

モンゴルは三別抄がこのように勇戦したために、一二六六年から計画した日本遠征を、およそ七年にわたって延期せざるをえなかった。この間に、日本は北九州沿岸を防備する時間的な余裕を与えられた。

さらにモンゴルは、日本遠征のために準備した軍隊を、三別抄の鎮圧に差し向けたことによって多くの兵員や艦船を失い、莫大な損失を蒙《こうむ》った。

もしも、一回目の元寇が七年前に行なわれていたとしたら、日本はモンゴルの支配のもとに置かれる悲運に見舞われたかもしれない。そうすれば、今日の日本もなかったかもしれないのである。この事実は、日本の歴史に記されてもよいのではないだろうか。

領土回復の機会を永久に絶《た》った、李成桂《イソンゲ》の裏切り

その後、元朝は、十四世紀なかばに内部分裂し、混乱した。そして一三六八年に、漢民族による明朝が元朝を倒して、中国を統一することに成功した。高麗は明が混乱すると、

かつて新羅の裏切りによって失った満州から沿海州にかけての旧高句麗領の回復を企てた。

そのようななかで、韓族にとって二度目の歴史的痛恨事がもたらされた。

一三八八年に高麗の右軍の司令官であった李成桂《イソンゲ》（一三三五―一四〇八年）は、明から遼東半島を回復するために、三万八〇〇〇人（一〇万人説も）の軍勢を率いて進軍中に、こともあろうに敵である明と戦うことなく、鴨緑江《ヤールー》河口の威化島《イファト》から回軍して平壌に引き返し、クーデターを行なったのである。高麗は、外敵と通じた裏切り者によって滅びることになった。

李成桂は、一三九二年に李朝を創建するとともに、明に臣下の礼をとり、韓国は再び中国の属国になり下がってしまった。

これは、民族に対する悪辣《あくらつ》きわまる反逆行為だった。李朝は明を天子の国と仰いで、中国文化を直輸入した。「朝鮮」という国名も、明に選んでもらったものだった。そこまでして李成桂は、クーデターによって成立したばかりの不安定な政権のバックボーンになってもらうよう、明に諂《へつら》ったのである。

その結果、中国社会の悪いところが、すべて移入された。李氏朝鮮はその後、五〇〇年にわたって党派争いに明け暮れ、骨肉の争いや中傷謀略や、不正腐敗がはびこることとなった。

儒教の精神に著しくもとる宦官《ファンクワン》の制度

移入された中国の制度のうち、朝鮮に害毒をもたらした最たるものを、いくつか取り出してみよう。

まず、李朝の悪政は、宦官《ファンクワン》とこれに組する士大夫《サデブ》たちが徒党を組んで、官職争奪戦を繰り広げたことによって、もたらされた。士大夫は、最上級の支配階級である両班《ヤンバン》のなかでも、門閥が高く、儒教知識階級に属する現職や、あるいは退職した官僚のことである。

宦官制度といえば、新羅の時代に中国を模倣して、「宦豎《ファンス》」が置かれたことが、記録されている。「豎《しゆ》」は小姓、あるいは召使を意味する。宦官制度は高麗を通じて、李朝まで続いたが、王宮の奥に常勤したことから、宦官は地位を利用して蓄財するとともに、権力層を形成した。常民《サンミン》か、その下の階層出身者が主流となったが、両班階級のなかでも権力を欲するあまり、自宮（自ら去勢すること）した者もあった。

宦官は宮中で内侍として、毒味、命令の伝達、出入りする者の監督、掃除を担当した。最高権力者であった王との面接の要請も取り次いだ。李朝では、明の、後には清の要求によって、宦官と美女が徴発《ちょうはつ》されて、定期的に献上された。そして中国の宮廷に仕えて帰国した宦官が、李王朝に圧力をかける悪弊をつくりだした。宦官は一九一〇年の韓日併合の時点まで、宮廷に多く存在した。

儒教は「身体髪膚、受之父母不敢毀傷孝之始也」（身体はすべて父母から受けたものであるから、これを毀損《きそん》しないことが、孝の始まりである）と、教えている。このように、本来、儒教では親から授けられた身体を、自ら傷つけることを、固く禁じていた。そのために韓国では、両班は髪を切ることさえ罪悪視して、髷《まげ》を結んでいた。

それにもかかわらず、儒教の本家である中国において、宦官制度が近代に入るまで存続したことは、中国の為政者の二面性をよく示している。このこと一つをとっても、中国で誕生した儒教の美辞麗句が、表面的なものでしかなかったことは明らかである。中国では歴史的に、言葉は本心から遠いところにあって術策のために用いられ、行動と一致しない。

なぜ、韓国では平地にお寺がないのか？

次に李朝は、高麗朝の王位を簒奪《さんだつ》した不当性を隠し、自らの正統性を国民に強要するために、高麗が明に対して独立を保ってきたことの非を弾劾《だんがい》し、仏教制度もいっさい否定して、「崇儒排仏《スンユベブル》」をスローガンとして揚げた。こうして取り入れられた儒教制度と、明、後に清に対して臣従することに基づく事大主義は、国民として当然、堅持すべき創意と独立心を摘み取る結果を招いた。

これは一九四八年に大韓民国が建国されたとき、反日主義を国是として、日本統治時代のすべてを悪として排して、〝親日派《チンイルバ》〟（対日協力者）を敵視したことと酷似している。韓国では、歴史から冷静に学ぼうとしないために、日帝三六年間の時代についても、いまだに客観的な評価ができないでいるという声が、一部の識者のあいだで聞かれるのも、当然である。

今日でも、韓国において政権が交代すると、他の民主主義国家においては当然であるところの、政策の継続性がない。新政権はつねに、前政権による業績を全否定する。いま、存在している政権こそ正しいとして、ほかを認めようとしない。

李朝は明の属国を自認して、韓族が一〇〇〇年以上にわたって尊んできた仏教を徹底的に弾圧し、儒教の朱子学《しゅしがく》を国学として迎え入れた。仏像や、仏寺が破壊され、僧侶や寺が山奥へ逃げ込んだ。その結果、一九一〇年以後になるまで、市街地や、平地には寺が存在しなかった。今日でも骨董屋で仏像を見かけると、頭がないものが多い。

李朝は明を崇《あが》めて、「大中華《デチユンフア》」に対して「小中華《ソチユンフア》」であることを誇りにした。そのため韓民族は、新羅の対中国従属関係から、せっかく一度は解放されたのに再度「慕華思想《モフアササン》」という腐敗しきった甕《かめ》のなかに、どっぷりと漬け込まれてしまったのである。

朱子学《しゆしがく》の毒に、骨の髄まで侵《おか》された李朝

李朝は、中国の歴代王朝を滅亡させた理由が、党争と宦官制度と儒教による腐敗であったことを顧みることなく、明の悪い制度を、そっくり導入したのだった。そして国民を際

限ないまでに苦しめ、残虐をほしいままにした。李朝のもとで、農民を中心とする国民は、人類史上で最悪の搾取《さくしゅ》を蒙《こうむ》ったといえる。

「党錮《とうこ》の獄《ごく》」は、後漢の桓帝《かんてい》の時代、一六六年に、宦官が跋扈《ばっこ》して反対党に属していた学者たちを投獄し、終身禁錮にしたことを指す。中国では同じようなことが繰り返し起こった。明朝を行き詰まらせたのは、宦官と腐敗した官僚による陰謀政治であった。その腐敗を批判した東林党と、非東林党の党派争いは有名である。

李朝でも、これとまったく同じことが繰り返されることとなった。

朱子学《しゅしがく》は、李氏朝鮮において呪いとなった。朱子学は、周学、程学、張学、理学、新儒学、宋学など、いろいろな名によって呼ばれるが、明朝で全盛期を迎えた。朱子学はまったくの理論学であったために、その解釈をめぐっていくらでも争点を見つけだすことができる。それが党争を激化させる原因となった。

李朝は五〇〇年にわたって、宮廷を囲む少数の両班と宦官たちが、党派抗争に耽《ふけ》り、国民を極貧のどん底まで追い込んだ。

李朝初期においては、党争の主体が「四色党派《サセクタンパ》」として知られた。これは「老少東西」

の四つのグループだった。はじめは東人《トンイン》と西人《ソイン》に分かれて対立したが、西人派の威勢が高まるなかで、老壮派《ノジャンパ》と少壮派《ソジャンパ》に分裂した。そして東人派も、北人《ブクイン》と南人《ナムイン》に分かれ、時とともに無数の党派に増殖した。東西南北、老少といっても、地域や年齢を指したものではない。

これらの党派が政権を奪おうとして、士禍《サファ》と党争が激化した。士禍の「士」は、士大夫を指している。

残虐な報復合戦を繰り返す党派争い

党争は勝者が勝利の甘い果実を独り占めしたので、権力が一極集中した。ザ・ウィナー・テイクス・オール——勝者がすべてを攫《さら》って、独り占めする——ということは、北朝鮮においてもっとも顕著な形をとって現われ、韓国においてもかなりのところまで当たっている。これもみな、李朝の時代に植えつけられた〝病気〟である。

たとえば一六八八年、十六代の仁祖《インジョ》の王妃である趙大妃《ジョデビ》が死んだ後に、西人派と南人派が服喪の期間を一年にするか三年にするかということをめぐって、意見を対立させた。その時の王によって、一年に決まれば、南人派が追い出され、数十年後に次の王が三年を支持したら、今度は逆転して西人派が追放され、ジェノサイドの運命を甘受した。これはまったく理不尽な虐殺だった（九章で詳述）。

士大夫や両班たちは、党派を結び世襲によって力を結集し、反対党を打倒することが務めであると錯覚していた。

この時代には『経国大典《キョンククテジョン》』という六法全書に当たる書物があり、そのなかに裁判制度が規定されていたが、まったく有名無実だった。そのため、王族といっても安心できなかった。李朝の五〇〇年の間に、一六人の王子と、数十人の王族がつまらない投書によって処刑された。

『経国大典』は、李朝の七代目の王である世祖《セジョ》の命によって編まれた基本法典である。現代なら憲法、民法、刑法を合わせたものに当たる。

このように凄惨な党派争いの様相は、中国の唐、宋、明代の党争を見習ったものだった。些細《ささい》なことで対立派の党人を投獄したり、島流しにしたり、処刑したり、その家族を奴隷である奴婢《ノビ》の身分に落としたりした。両班であっても、党争に敗れれば、奴婢に転落した。

奴婢には官奴《クワンノ》と私奴《サノ》があり、官奴は官庁が所有し、私奴は両班が所有する奴隷だったが、「田地十負《ジョンチシブブ》」といって、奴婢一人が田地十負で売買された。負は面積の単位である。奴婢は子々孫々にわたって、奴婢であった。この奴婢制度は、李朝末期の一八九四年に人身売買が禁じられるまで続いた。

だが、そうした処分も上疏《サンソ》（投書）によるか、与党内の内紛によるか、または次の王が即位して前王時代に処分された側に同情を示すなどして情況が逆転すると、今度は前に見捨てられた側が陽の目を見ることになった。

敗残の一党が今度は王の側近になり、それまでの与党に倍加した復讐を加える。こうした党派争いは際限なく続き、長い間の知友の間でも容赦されることなく、時に凄惨をきわめた。

李舜臣《イスンシン》も、党争の犠牲者

一五九二年と九七年に、豊臣秀吉が明へ侵攻しようとして、朝鮮を通過することを要求して拒《こば》まれ、壬辰《イムジン》・丁酉倭乱《ジョンユウェラン》（文禄《ぶんろく》・慶長《けいちょう》の役）が起こると、李舜臣《イスンシン》が朝鮮海軍の総司令官に当たる水軍統制使として、大きな功績をたてた。

李舜臣は、後の日本の海軍兵学校で、イギリスのネルソン提督と並んで軍神として崇《あが》められた名将だった。日露戦争において、日本の勝利を決定づけた日本海海戦の英雄である東郷平八郎《とうごうへいはちろう》連合艦隊司令長官も、「李将軍と較べれば、とても私ごときは及ばない」と称《たた》えているほどである。

だが、李舜臣は今日でこそ、ソウルの中心街に銅像が立てられ、尊仰されているが、生前は、党争の典型的な犠牲者となった。

李舜臣は、壬辰倭乱において亀甲船《きっこうせん》を建造し、日本海軍を壊滅させたのだから、その勲功は絶大なものがあったはずだが、その功績が党人の間で激しい嫉妬心を招いた。その結果、元均《ウォンキュン》の一派の中傷と謀略によって、暗愚な仁祖は、取り調べも裁判も行なうことなく、李舜臣を処刑することに決めた。

しかし、丁酉倭乱によって再び日本の侵攻に見舞われたために、李舜臣を白衣従軍《ベイジョングン》させた。白衣従軍とは官職を与えられずに、戦地へ赴くことであって、現在なら二等兵への降等処分に相当する。

当初は、元均が李舜臣に代わって水軍統制使に就任し、指揮を執った。しかし彼は、日頃、放蕩《ほうとう》の生活に耽《ふけ》っていたために無能であった。そのため豊臣軍に惨敗したばかりか、元均も戦死し、朝鮮海軍は全滅した。

元均の死後、李舜臣が再び水軍統制使に任じられた。彼は再度日本海軍を撃滅したが、戦闘中に流弾に当たって、その生涯を閉じた。

いまでも売られる「官災《かんさい》よけ」のまじない札

李氏朝鮮は文字どおりに、悪政の権化であった。

李朝は、民衆の生殺与奪の権利を握り、そのときどきの政権に盲従する士大夫たちが不労所得と賄賂《わいろ》をほしいままにして、搾取と掠奪《りゃくだつ》をはたらき、国としての機能をマヒさせた。

この李朝の悪しき伝統が、今日においても連綿と続いていることは否定できない。世界のなかで二十一世紀に入った現在、最高権力者による専制的独裁がまかり通っているのは、朝鮮半島を除くとごくわずかである。

李朝の悪政は、民族の原型を木端微塵《こっぱみじん》に打ち砕いた。韓族の自尊心を抹殺し、容易に癒《いや》されない「韓国病《ハングクピヨン》」を植えつけた。

李朝最大の罪科は、腐敗した勢道政治つまり国王の信認を得た特定の人物や集団が政権を独占するという政治の形を常態化し、常民と民衆と女性を奴隷化したことである。そして為政者は、住民の財産を没収するか賄賂を取るかして私腹を肥やすことに、なんら良心の呵責《かしやく》をおぼえることなく、臆面もなくそれを繰り返した。

王と王族、士大夫は数百人の妾女を持ち、彼女たちの管理を内侍部の宦官に委ねた。民衆はつねに官によって搾取《さくしゆ》され、塗炭の苦しみに陥《おとしい》れられた。王朝は貪官汚吏《どんかんおり》たちによる売官買職がはびこった。

今日でも韓国には「官災《クワンジエ》」という言葉があって、官災よけのお守り札すら売られている。

「士禍」とともに、それに相当する言葉が日本語のなかにないのは、興味深い。日本では役人が清廉《せいれん》であるという伝統があったのだろう。もっとも近年では、外務省や、旧大蔵省、厚生省〔現・厚生労働省〕や、文部省〔現・文部科学省〕、防衛庁〔現・防衛省〕などの汚職事件が続発しているから、中国・韓国型になってきたのだろうか。

李朝は、その歴史を通じて、一度として法治社会であったためしはなかったから、官は民を自由自在に苛《いじ》めることができた。その点、李氏朝鮮は今の中国と変わらない人治国家であったといえる。

今日の韓国では、観相家《クワンサンカ》と呼ばれるが、日本と同じように占い師に運勢を見てもらうことが広く行なわれている。「火災《ハジエ》」とか「水災《スジエ》」の相が現われていると言われることになるのだが、私はしばらく前に「官災」の相があると言われたことがあった。私の場合、観相家の託宣が当たったかどうかは差し置いて、いまだに李氏朝鮮の軛《くびき》が韓国民を苦しめているのだ。

李朝では警察、司法、徴税権および水軍節度使を兼任する官職が「監司《カムサ》」、または「観《クワン》察使《チャルサ》」とも呼ばれたが、李朝末期には、これが相場百万両で公然と売買された。買官者は元金を取り戻すために、際限もない搾取を繰り返さねばならなかった。

現代の韓国でも、大学教授の地位から、軍の階級の星の数まで売買の対象となっていて、これがしばしば暴露されて、社会問題となっている。李朝では、賄賂と搾取は閤夫人《パップイン》と呼ばれた妾が担当する仕組みになっていた（今日の韓国でも、夫人たちがしばしばその役割を演じている）。閤夫人とは、監司（県知事）宅の入口の両脇に部屋があって、その両側に別々の妾が住んでいたことから、そう呼ばれた。

閤夫人に賄賂などを集めさせ、たとえ妾が法に触れて獄に行く場合でも、監司が全権を握っているから、直ちに釈放した。監司が上役の勢道家（権力者）に上納する賄賂のことを、「薬債銭《ヤクサイセン》」と言った。

薬債銭は本来は薬代のことだが、李朝では上役への賄賂を意味した。買官によって出世しても、身分に不安を感じないように、上役に定期的に金子《きんす》を贈った。

これは今日、韓国で用いられている、「モチ代《トッカプ》」という言葉に似ている。金泳三政権の時に、有力な国会議員に数億ウォンを受け取った収賄容疑がかけられて、検察当局によって調べられたが、本人が「モチ代」にすぎないと釈明して、放免されたことがあった。この時には、韓国のマスコミが「政治家はずいぶんとモチを食べるものだな」と揶揄《やゆ》したものだった。

【十四世紀後半から十五世紀まで】

三章　血で血を洗う日々の始まり

——骨肉相《あい》食《は》む、おぞましき五〇〇年史

日本人が韓国の歴史に無知であることの危険

李成桂《イソンゲ》は、一三九二年からその後五一八年にわたった李朝を創建した。隣国の日本でいえば、それより二〇〇年あまり遅れて、一六〇三年に徳川幕府を開いた徳川家康に相当するといってよかろう。

李朝五〇〇年と徳川幕府による三〇〇年は、その後の韓国と日本のありかたを決めた鋳型《いがた》となった。今日、韓国、北朝鮮と、日本の社会のありかたが大きく異なっているが、その理由を解き明かす鍵が、李朝と徳川時代のなかに隠されている。

日本国民の大多数が隣国である韓国の歴史について、まったく知らない。韓国ならば小学校を卒業したか、中学生であれば、徳川家康について知っているが、日本では韓国に関心を抱いているごく一部の人を除いて、李成桂が何者であるのか、誰も知らない。

日本では、善意から日韓親善や日朝友好を願っている人々もいるが、それらの人にしても隣国の歴史について無知であるから、善意は衝動的なものであって、それを支える深みがまったくなく、自分を満足させるものでしかない。これはむしろ、韓国民にとっても日本国民にとっても危険である。

これは日本国憲法の精神に似ているかもしれない。日本国民の多くが善意を持って世界を眺めているつもりでも、世界の現実を理解しようとする努力を怠れば、その言うところは机上《きじょう》の空論にすぎなくなる。そのために、日本の周辺地域の安定や、日本国民自身の安全をも、きわめて脆《あやう》いものにしている事実を認識すべきである。

李成桂は、いかにして国盗《くにと》りに成功したか？

中国を支配した元（モンゴル）の末期に、中国で起こった「紅巾《こうきん》の乱」（一三五一～六六年）の「紅巾賊」は、別名を「紅頭賊」ともいったが、紅巾を徽章《きしょう》にした盗賊集団である。そのもとは白蓮《びゃくれん》教徒と弥勒《みろく》教徒などで、一三五九年と一三六一年の二回にわたって高麗にも侵入したが、高麗軍の反撃によって壊滅し、敗走した。この紅巾賊が後に蒙古族による元朝を倒して、明朝を創建した（一三六八年）。

李成桂はその紅巾賊の二度目の侵入の年に二十七歳だったが、高麗軍にあって先鋒の親兵二〇〇〇人を指揮して果敢に戦い、一〇万人の紅巾賊を打ち破って、高麗の首都である開京《ケギョン》を奪回した。李成桂はこの軍功によって、全国にその勇名を轟《とどろ》かせた。

李成桂は咸鏡南道《ハムギヨンナムド》の永興《ヨンフン》で、一三三五年に生まれた。永興は咸鏡南道の咸興《ハムフン》と元山《ウオンサン》の中間にある。

李成桂の家は、平民である常民の武人の家系であった。祖先の出自である本貫《ポングワン》は、今日の全羅道である全州にある。父の李子春《イジャチユン》も、武人であった。李成桂は射術の名手として知られ、勇敢で、部下の統率力があったから、急速に頭角を現わした。

李成桂は一三六二年に元軍が侵入した時に、東北の兵馬使（地方の軍司令官）に就任していた。忠清道《チユンチヨンド》礼山郡《イエサングン》の黄海《こうかい》に面した徳山洞の戦闘で元軍に大勝し、一三六九年に元の東《とう》寧府《ねいふ》まで遠征して、大功をたてた。東寧府は遼東半島を治める役所で、遼東半島の中心にある遼陽《りようよう》に置かれていた。そうすることによって、高麗の将軍として赫赫《かくかく》たる名声が確立されていった。

一方、中国では貧農の物乞いの出身で、紅巾軍の一兵士にすぎなかった朱元璋《しゆげんしよう》が、軍功によって認められ、ついには競争相手を排除すると、一三六八年に帝位に就《つ》き、国号を明《みん》と定めた。そうして明の太祖となった。

高麗では禑王《ウワン》が一三七四年に、第三十二代目の王として即位した。一三六四年生まれだ

【年表3】李朝500年・初代太祖から7代世祖まで

1361年	紅巾賊が2度目の侵入。李成桂《イソンゲ》、戦功をたてる
1369	李成桂、元の東寧府まで遠征、大功をたてる
1388	李成桂、クーデターで実権を掌握
1392	李氏朝鮮成立。李成桂、太祖として即位
1392	**南北朝統一**
1393	明の許可を得て、国号を「朝鮮」とする
1394	首都を漢陽（ソウル）に定め、漢城と改称
1397	**足利義満、金閣を造営**
1398	太祖の次子が、2代定宗として即位
1400	太祖の五子、定宗を廃し、3代太宗として即位
1418	4代世宗が即位
1419	三浦を開港し、日本との自由貿易を勧奨
1420	王立学術機関として集賢殿を設置
1423	『高麗史』編纂
1441	測雨器を製作
1443	訓民正音（ハングル）を創製
1450	5代文宗即位
1452	6代端宗即位
1455	7代世祖（端宗の叔父）、端宗を廃して即位。端宗を寧越に配流の上、暗殺
1456	成三問ら、端宗の忠臣6人が処刑される
1467	**応仁の乱はじまる**
1469	『経国大典』が完成

から、まだ十歳で幼少だった。

李成桂は禑王のもとで、軍司令官である右軍統制使になっていた。高麗軍は右軍と左軍に分けられていた。

李成桂は一三八八年に中国がまだ混乱していたのに乗じて、遼東半島を奪還する任務を帯びて、左軍統制使であった曹敏修《チヨミンス》とともに進軍の途次、鴨緑江上の威化島《イファト》において二人で共謀して、にわかに高麗に反旗をひるがえし、回軍して首都へ戻った。李成桂は上官である崔瑩《チエイオン》将軍を逮捕して、配流《はいる》したうえで殺した。このようにクーデターを行なって権力を一手に掌握すると、禑王に退位を強いて、昌王《チヤンワン》をたてた。

その後、直ちに昌王を廃して、第三十四代の恭讓王《コンヤンワン》に取り換えた。クーデターが成功した後に、曹敏修との間で、利害が対立した。李成桂の力が優っていたので、曹敏修は故郷の昌寧《チヤンニヨン》に配流された。李成桂は鄭夢周《ジヨンモンジユ》などの忠臣たちを、容赦なく殺したうえで、一三九二年に寿昌宮《スチヤングン》で恭譲王から禅位（王が位を譲る）の形式をとって、自ら王位に就いた。李成桂は、このようにして祖国の高麗を亡ぼした。

「易姓《えきせい》革命」というクーデターのうまい口実

李成桂は、こうして国を盗むことに、成功した。一三九三年二月十五日に、明の許しを得て、国号を高麗から「朝鮮」と改称した。だが、そのために、かつての高句麗の領土だった遼東半島を奪回する絶好の機会を失ったうえに、その後、韓族は中国の属国となり下がって、萎縮する運命に陥った。

紅巾の乱で元《げん》の国内がガタガタになっているこの時こそ、高麗が一丸となってこれと戦えば、かつての国土を取り戻すこともできたのに、李成桂の利己心から、その機会は永遠に失われてしまったのである。

李成桂は王位を自分に禅譲した恭譲王も、追放した。王と王族である王氏一族を生きたまま海に葬って、皆殺しにした。王は、今日でも韓国の姓の一つである。

そして高麗朝のもとで国教であった仏教を廃して、「崇儒排仏」政策に逆転させた。中国の明を宗主国と仰ぎ、儒教を国教とした。朝鮮を朱元璋の明の属国にしたことによって、中国古来の悪弊を真正面から蒙《こうむ》った。

「易姓《えきせい》」という言葉が、中国の古典『史記』のなかに出てくる。これは中国に古くから伝わる政治思想であって、「国家は一姓の栄」と考えたから、新しい王朝が興《おこ》ることを指《さ》した。「易姓革命」は「天子は天命を受けて天下を治めるが、もし、その家——姓に不徳の者が出れば、別の有徳者が天命を受けて新しい王朝を開く」という思想である。

もちろん、「易姓革命」は国盗りに成功する者の野望を、もっともらしく正当化する説でしかない。中国人は今日の中華人民共和国でもそうであるが、悪行を美しい言葉によって飾り立てるのに、長《た》けているのだ。

李氏朝鮮と、いまの北朝鮮との共通項

李成桂は、李朝を創建すると、国都を今日の開城《ケソン》である開京《ケギョン》から、今日のソウルである漢陽《ハンニャン》（のちに漢城）に遷都した。同時に旧高麗朝の官僚を、大量に虐殺した。そして、土地を没収して国有化し、自己の政権奪取の功労者たちに分配した。

歴史は反省の学問でなければならない。統一新羅は、高句麗が武力によって隋と唐を圧倒した時代があったのに、その広大な領土も住民も棄てて、自ら唐に臣従した。そして進んで「創氏《ソンシ》改名《ケミョン》」を行なって、中国式の一字姓に改めた。その結果、中国の政治文化によ

李氏朝鮮の版図（15世紀）

って韓族の精神から清新さや活力が失われ、民族性が歪められた。李成桂はこのような歴史から学ぶことなく、権力を手に入れるだけのために、再び中国の属国になり下がった。

李成桂はそうすることによって、韓族の国を利己主義の社会に転落させた。「崇儒排仏」を建国理念とするかたわら、高麗の中国に対する牽制《けんせい》政策を放棄して、明に対する正朔《ジョンサク》（明の意向に服すること）を誓った。

李朝は、中国の醜く腐敗した政治文化を規範としたために、出発から血で血を洗う骨肉の争いをもたらした。

李氏朝鮮は現在の北朝鮮に驚くほど似ている。社会主義は、ソ連でも中国でも、権力者が美しい建て前を振りかざして権力を正当化し、その蔭に隠れて好き放題のことを行なう利己的な仕組みとなったが、なかでも北朝鮮は、もっともおぞましい国をつくりだした。朝鮮民主主義人民共和国が、社会主義の衣を纏《まと》った李氏朝鮮であるからだ。

李成桂には、八人の王子がいた。この王子たちが、王位争奪をめぐって「骨肉相争」として知られる争いを、二回にわたって起こした。

李成桂は忠臣たちに諮《はか》って、八人の王子のなかから七番目の子である芳蕃《バンボン》を、いったん王世子《ワンセジャ》（皇太子）の候補としたが、再び議論の末に、末子の芳碩《バンソク》を王世子とすることに決めた。

血で血を洗う骨肉の争い

ところが、この決定を巡って、王子たちのあいだで熾烈《しれつ》な内紛が生じた。五番目の子である芳遠《バンウオン》は、虚偽のデマを流布させて、政権の中枢にいた建国の功労者たちを一挙に殺害したのに続いて、世子であった弟の芳碩《バンソク》を勝手に廃位して殺害した。

太祖が後継者と決めた最愛の息子の芳碩が、その一家とともに、実兄に惨殺されるという惨劇が起こったのである。太祖は世間に嫌気《いやけ》をさして、一三九八年に王位を二番目の子である芳果《バンクア》に譲って、故郷の咸興《ハムフン》に隠居した。そして芳果が二代目の王として即位し、定《ジョン》宗《ジョン》と号した。

だが芳遠は、その二年後の一四〇〇年、またもや策略によって、定宗や他の王子を斥《しりぞ》けて、太宗《テジョン》として李朝の三代王に就任した。唐の太宗が玄武門の乱を起こした二の舞を演じたのである。

李朝を開いた太祖の生存中から兄弟殺しが起こったのは、きわめて暗示的である。この後も李朝では、このような血で血を洗う骨肉の争いは、五〇〇年間、絶えることがなかった。

李成桂の長男である芳雨《バンウ》は、兄弟間の争いが激しくなるなかで、忽然《こつぜん》と世俗を捨て、山寺に身を隠した。

七番目の芳蕃《バンボン》も殺害されたから、他の兄弟は恐怖に戦《おのの》いて、誰一人として世子の地位を求めようとしなくなった。

李成桂は息子たちが醜く争うのに嫌気をさし、咸興に隠居したままだった。太宗となった芳遠は、父が国都に戻ることを願って、幾度にもわたって勅使《ちよくし》にあたる差使《チヤサ》を派遣したが、太祖は固く拒んだ。

差使はそのたびに不帰の客になるだけだった。太祖は、五男の太宗に対する憎悪の念に耐えられなかったから、勅使である差使さえ殺したのだった。

それ以来、韓国語では家出して再び帰らない人を指して、「咸興差使《ハムフンチヤサ》」と呼ぶようになり、この言葉は、韓国で今日でも日常的に使われている。

太宗は徹底した「崇儒排仏」政策を強行した。後世の歴史は、太宗が「申聞鼓《シンムンコ》」を設置して民情を聞き、「号牌法《ホベボブ》」を制定して戸数を明確にした名君であったと記しているが、次々と兄弟を殺し、虐殺を行なった史実については、口をつぐんでしまっている。

申聞鼓は一四〇二年に、特殊な請願や上訴のために、王城の外にある内楼に掛けさせた太鼓のことで、訴訟人がこの太鼓を鳴らすことによって、国王がその訴えを直接聞いて処理する制度であった。

当時の制度では、ソウルでは主掌《ジュジャン》官《クワン》、地方では道の知事である観《クワン》察使《チャルサ》に申告して、司憲部《サホンベ》に告訴した。ところが、それでも解決できない時には、国王が直接聞こえるように申聞鼓を叩き鳴らした。これは李朝の民意上達の代表的制度であったが、運用面で濫用《らんよう》と無理が生じたために、第十代の燕山君《イエンザングン》時代から廃止された。

例外的な名君だった第四代世宗《セジョン》

李朝第四代の王は、世宗《セジョン》大王と呼ばれている。太宗の三男である。

世宗は一四一八年に二十二歳で即位したが、賢明で学問を好み、内治、外交、文化など各方面に多大の治績をあげて、後世の学者によって王朝の基礎を強固にした名君と評価されている。

世宗は即位と同時に、「正音庁《ジョンオンチョン》」を設置してハングル文字である「訓民正音《フンミンジョンオム》」を創製した。また、集賢殿《オブヒョンジョン》を設置して国内の優秀な学者を集め、多くの書物を編纂《へんさん》させた。世宗王自身も「月印千江之曲《ウォルインチョンカンジゴク》」という純ハングル文の詩を著《あらわ》しているが、仏の徳を称え、仏の恩徳が絶大であることを謳ったものである。

世宗王は、父王までの三代の王が仏教を徹底的に排斥して弾圧したのにもかかわらず、仏教に強い関心を寄せた。世宗は仏教の改革に努め、その書籍などを刊行し、科挙に僧科を設置して、仏教の発達にも寄与している。

さらに世宗の命によって、李朝の事蹟を歌に詠んだ「竜飛御天歌《ヨンビオチョンカ》」が刊行された。全十巻にわたり、百二十五章に分かれるが、まず中国の歴代の皇帝の偉業を讃美し、ついで李朝の事蹟を称《たた》えたものである。この「竜飛御天歌」と「月印千江之曲」が、世宗事蹟の双璧を成している。

そして『高麗史』を編纂させたほかに、三綱行実図《サムカムヘンシルト》、八道地理誌《パルトヂリジ》、治平要覧《チピョンヨラム》、医方類聚《ウィバンユチュ》などを編み、李朝五〇〇年間のなかで、もっとも治蹟があった王として評価されている。

世宗は学者たちに依頼して暦書を編み、太陽時計、水時計、渾天儀《ホンチヨンイ》など各種の科学器具を発明、製作させて、天体を測定した。また、日本に対しては歳遣船《セキヨンソン》を使って、朝鮮と対馬《つしま》の間の貿易と往来を許した。それに加えて三浦（三つの港）を開港し、倭館を建てることによって、自由貿易を勧奨した。三浦とは、釜山浦《プサンポ》、斎浦《ゼポ》、塩浦《ヨンポ》の三港のことである。

世宗二十五年に当たる一四四三年には、歳遣船《セキヨンソン》の数が五一隻に増えたが、時には特送船を、二、三隻追加することによって和信政策をとり、外交面でも尽力した。

世宗王は李朝の歴代の王のなかで、例外的な名君であった。逆にこのことは、中国と同じように政権に継続性がなく、お上《かみ》一人の意思によって、国のありかたそのものが変わることを示している。このような政治文化は、今日の韓国と北朝鮮にそのまま生きている。

継続性がないということは、法を尊ぶ社会ではないことを意味する。李氏朝鮮は法治社会ではなく、権力者が交代するたびに、その意思によって政策が変わる人治社会だった。その点で、いまの中国と同じである。しかし、法が重んじられなければ経済は発展しない。経済が発達するには、しっかりと継続性のある安定した社会が前提となる。李氏朝鮮と徳川の日本を較《くら》べると、ここに大きな違いがある。

幼い端宗《タンジョン》の悲劇

李朝第五代の文宗《ムンジョン》王は世宗の長男であるが、一四二一年に王世子として冊封《さくほう》された。即位するまで二十余年にわたって、父王を輔弼《ほひつ》した。一四五〇年の即位後は、言論の自由策をとって民意を掌握したといわれる。

文宗王は、文官と武官を区別することなく重用したために、臣下の信望が大きかったともいわれる。しかし、体が弱く、政治に積極的にかかわらなかったために、わずか二年の在位で、一四五二年に死去した。そのことが次の第六代・端宗《タンジョン》の惨禍を招く原因ともなった。

端宗は、十二歳で即位した。

幼い端宗には、父王も母もすでに亡く、まったくの孤立無援であった。文宗は端宗の先行きを心配し、死の床にあって側近の重臣たちに端宗を守り輔弼することを命ずるとともに、「左右協賛《チャウヒョチャン》」することを願う遺言をのこした。

李朝の官職は首相格の領議政を筆頭として、副首相格の左議政、右議政の順序になっていた。「左右協賛」とは、重臣たち全員が力を合わせるという意味である。

ところが、世宗大王の次男で、端宗の叔父に当たる首陽大君《スヤンデグン》が、国王になりたい野心から、文宗王から端宗を補佐するように懇願されていたのにもかかわらず、文宗のもとで領議政であった黄甫仁《ファンポイン》や金宗瑞《キムジョンソ》などの忠臣たちを暗殺させた。そのうえで、自ら領議政となり、兵馬の実権を掌握した。

端宗は純真で幼く、もっとも近い身内である叔父の首陽大君を信頼した。そして摂政として迎えて、内外の諸問題について首陽大君と相談し、決定した。この間、首陽大君が殺害した端宗の側近の数は、数百名にのぼった。

このような状況が三年続いたが、首陽大君は王を支持する忠臣たちを残すことなく殺した後に、一四五五年、ついに端宗を廃位させ、自ら世祖《セジョ》王となり、国王の大権を掌握した。

この時に端宗を魯山君《ノザングン》に降封（降格して任命すること）したうえ、その妃の宋氏も強制的に離別させた。宋氏は平民である常民に落とされ、別居を強いられた。世祖は、端宗を宮廷内に置くと、民心に悪い影響を及ぼすことになるので、ソウルから東へ一五〇キロ離れた寧越《ヨンウォル》へ配流した。

端宗が、幽閉先のあばら屋で作った詩

寧越は、朝鮮半島の背景にあたる太白山脈の真中に位置する、山深い地である。端宗は配流のためにつくられた、急造《ごし》らえの藁葺《わらぶ》き小屋で最後の日々を過ごした。魯山君と称したものの、監視役の衛士に囲まれ、囚人の身分に落とされたのも同然だった。

世宗大王がもっとも愛した孫として生まれ、宮中で三〇〇〇の宮女に敬愛されて育った端宗は、何の罪も犯していないのに、このような憂《う》き目にあうことになった。

端宗は疑うことを知らなかった。時が経《た》てば、自分にもっとも近い身内である叔父の世祖が迎えにくることを、信じて待っていた。

端宗は寧越のあばら屋で、詩を作った。

嶺樹参天老　森深い山嶺の木は、天にも届き
渓流得石喧　渓流の流れは、石が多くてかまびすしい
山深多虎豹　この山深いところには、虎や豹が多いから
不夕掩柴門　暗くなる前に、折戸を閉めよう

山中には、今日では姿を消してしまった虎がよく出没したのだった。

それでも世祖は、安心できなかった。この年の十二月二十四日、哀れな幼い廃王は、世祖が放った刺客《しかく》によって暗殺され、その屍《しかばね》は川に捨てられた。たまたま、その村の村長の呉興道《オムフンド》が端宗の屍が水に浮き沈みしつつ流れてくるのを見かねて密《ひそ》かに引き揚げ、埋葬した。このことが世祖に伝わると、村長の一家は皆殺しにされた。

　この骨肉の争いに巻き込まれた王子やその臣や、学者の犠牲者は、莫大な数にのぼったが、正確な数を知るよしもない。儒教立国《ユギョイブクク》というのに、このようなおぞましい内紛を、どのように解釈すべきであろうか。

韓国近代文学の祖といわれる李光洙《イクアンス》の『端宗哀史《タンジョンイアサ》』は、有名である。このなかで、教養人で、著名な学者であり、侍従者でもありながら首陽大君の暴力に真向から立ち向かった六人の人物のことを記している。

この六人は端宗から大権が首陽大君に渡った顚末《てんまつ》を終始目撃していたから、幼い王を守るために、信念を持って世祖と対決した。このために六人とも、世祖王の面前で残酷な火《ひ》焙《あぶ》りの刑に処されるか、生きながら生皮を剝《は》がされる刑によって殺された。

そのうちの一人、成三問《ソンサンムン》は死に臨み、辞世の詩を詠んだ。

撃鼓催人命　わが命を断つのを催促していたように、鼓を打ちならしている
回頭日欲斜　頭をめぐらせれば、日が西山に沈もうとしている
黄泉無一店　あの世には、宿は一軒もないというのに
今夜宿誰家　今夜は誰の宿で泊まれるのだろうか

世祖の王位簒奪に協力して功績があった者は全員、高官に任用された。彼らは数次にわ

たって賜田《しでん》をもらったので、広大な農場を所有するようになった。

なかには学問にも優れた者があって、編纂事業に従事することによって文運の発達に寄与したために、その一派は勲旧派《フンクパ》として知られている。そして彼らの本拠地が、主として京畿道、忠清道に偏在していたことから、畿湖派《キホパ》とも呼ばれていた。

推測を呼ぶ世祖《セジョ》の死因、金日成《キムイルソン》の死因

世祖は、嫡甥の端宗と、五人の王子を殺し、多数の忠臣と学者を虐殺して、王位を強奪した。しかし、世祖は身体強健であったにもかかわらず、当時では理由が分からない病魔によって、在位一三年でこの世を去った。

北朝鮮は、韓民族がまさに李氏朝鮮に先祖帰りした国である。太祖に当たる金日成主席は権謀術策をめぐらして、数知れぬほど多くの人々を虐殺して、絶対的な権力を握った。

金日成主席は一九九四年七月に、急死した。その真相は、いまだ明らかではない。一部では、金正日《キムジョンイル》書記（当時）が、経済破綻の責任を父が自分に負わせて、後継者である自分を廃し、異母弟の金平日《キムピョンイル》・駐フィンランド大使（当時）を後継者として擁立しようと

していたのを察知して、先手を打って父を毒殺したという見方がある。真実はあの国が崩壊して光明を回復するまで、暗闇のなかであろう。

一つだけ分かっていることは、太祖である金日成主席の死後、主席夫人だった金聖愛《キムソンエ》女史と異母弟の金平日大使が、姿を消したことだ。金正日総書記は幼い時に実母の金正淑《キムジョンスク》女史が病死し、彼は継母《ままはは》となった金聖愛女史によって育てられた。

その金聖愛女史の姿が最後に見られたのは、亡父の国葬に当たり、新王となって中央に立つ金正日書記（当時）を、何人か置いて、憎しみに燃えた眼で睨《にら》みつけていた時だった。その後、聖愛女史と平日大使は消息を完全に絶っている。

【李朝五〇〇年、腐敗の社会構造】

四章　恨《ハン》の半島は、いかにして生まれたか

——両班《ヤンバン》の成立、苛酷な身分差別と士族の腐敗、女性蔑視

李朝は、韓民族をいかに歪めたか？

今日の韓国と北朝鮮を理解するためには、韓国と北朝鮮がどのような原型から生まれてきたか、知ることが大切である。人物についていうと、生まれた地域の文化や、幼児期から少年時代までの環境が、その人の性格をつくる型紙となっているが、国や民族についても、同じことがいえる。韓国と北朝鮮については、李朝五〇〇年の歴史が型紙となっている。

北朝鮮は鎖国・攘夷《じょうい》政策を徹底的に施行して、多くの民衆の餓死者を出しているが、まさに李氏朝鮮が二十世紀にその姿を復活させたといえる。食糧を求めて国境を越えた国民は、逮捕されしだい民衆の面前で処刑される。何とも異常な国家である。専制国家であり、民衆には人権がまったくない。居住・移転の自由も、旅行の自由もまったくない。

韓国についても、形はデモクラシーの国であっても、その内実はきわめて独特であり、多分に李氏朝鮮の骨格を残している。官が専横に振る舞い、富裕階級はあたかも両班《ヤンバン》（上級官吏）が再来したように振る舞っている。賄賂《わいろ》が社会の隅々までにおよんでおり、『朝鮮日報』紙をはじめとする韓国のマスコミが、自分たちの国を「腐敗共和国《プベコンファグク》」とまで、自嘲して呼ぶほどである。

このような今日のありかたを正すためには、歴史に深く分け入って、李氏朝鮮が韓民族のまっとうだった原型をどのように歪めてしまったのかを、認識しなければなるまい。

李朝では、国王が立法、司法、行政、軍事などの全権を独占していた。そして実際には、党派抗争に勝った士大夫や両班たちが、国王の名においてかぎりない虐政を行なった。ほとんどの王が世襲により社会的経験もまったくなかったことから、暗愚そのものであった。李朝五〇〇年のあいだ、二十七代にわたって続いた王のなかで、聡明な君主といえば数人しかいなかった。

社会構造は、国王を権力の頂点として、王族、両班、中人《チュイン》（技術系の中・下級官吏）、常民《サンミン》（一般人民）、賤民《チョンミン》（下層民）の順序になっていた。賤民は、奴婢《ノビ》、俳優《ペウ》、医者《ウイザ》、巫女《ムニョ》、白丁《ペクチョン》などの多くの職種についた下積みの人々から成り立っていた。もっとも宮廷や両班のもとに出入りする医者は、中人に属していた。

私は李朝の身分制度を調べながら、十九世紀後期に諸外国が李氏朝鮮を一つの国家だと見做《みな》していたのを、あらためておかしく感じた。というのも、李氏朝鮮は国家としての体《てい》を、まったくなしていなかったからである。

階級制度が複雑に入り組んでいて、両班をはじめとする上の階級が、それぞれ下層の人々を軽蔑して、行動を監視する仕組みになっていた。民衆が反抗することは、きわめて難しかった。

李朝は高麗の社会秩序を徹底的に破壊して、新しい体制を強《し》いるために、儒教をイデオロギーとして採用し、韓族が二〇〇〇年近くにわたって、その心の支えとしてきた仏教を、仮借《かしやく》なく弾圧した。仏教は高麗時代に隆盛をきわめたが、李朝は儒教以外の教えや信仰を、異端として排撃した。

寺や仏像が全国にわたって破壊され、僧侶は賤民《せんみん》の身分に落とされた。仏僧や尼はソウルの東大門、西大門、南大門、北大門の四大門のなかへ入ることが禁じられた。寺がみな山奥へ逃げ込んだために、人里では木鐸《ぼくたく》の音が完全に絶えた。寺が山から降りてこられたのは、李朝が滅びてからのことだった。

李朝は中国を模倣して、社会の儒教化を進めた。そのために高麗時代までは、同姓のあいだで結婚することができたのに、一〇〇〇年以上も前に祖先が同じだったというだけで、結婚することが許されなくなった。再婚した女性の子孫は、官吏登用試験である科挙を受験することができなかった。

儒教こそが、本家の中国を二〇〇〇年以上にわたって退廃させたのにもかかわらず、その儒教を骨組とした階級制度を作り上げることによって、民衆が身動きすらできないように、がんじがらめに縛りあげてしまった。李氏朝鮮こそが、今日の不自然きわまりない韓国病を産みだしたのだった。

支配階級を構成した両班の特権

李氏朝鮮の身分構造は、国王と王族を頂点として、両班階級が支配層を構成した。

もともと両班という呼称は、高麗初期に宮中の朝の儀式における官人の序列が、東班《トンバン》と西班《ソバン》に分けられたことから発したものだが、李氏朝鮮になってから、しだいに特殊な階層に変わり、すべての上級の官人の身分を言うようになった。

両班はあらゆる面にわたって、特権を持つ支配階級であった。両班の子弟は、各種の教育機関で教育を受けることができ、儒教国家の知識階級として、科挙に合格するか蔭徳《オントク》によって上級官吏になる資格が与えられた。蔭徳は父母、あるいは祖先の功績によって子孫が受ける恩恵であって、科挙を受験することなく上級官吏として登用された。両班は労役と兵役を免除されたうえに、納税の義務もなかった。

また李朝では、その歴史を通じて、私有財産に対する保障がなかった。そのために、人々の経済的境遇は政治的な力によって決められた。土地も、国王の名義で政府から供与され、住宅の大きさ、その材質から家具に至るまで、所有者の権力と地位によって、細かく決められていた。もし政争に敗れた場合には、土地や家屋を没収され、家族が奴婢にされることも度々あった。

国王とその官吏は、すべてのものに対して第一次的な権利があり、自由気儘《きまま》にお手盛りをすることができた。官僚と両班たちは公に奉仕することなく、自らに奉仕した。両班と官吏は、産業を振興することにまったく関心がなく、国民を食い物にしたから、掠奪《りゃくだつ》経済という表現が妥当であった。

厖大《ぼうだい》な官僚の数に加えて、世襲や、下の階層の者が身分を買うことによって、両班の数は年々増加していき、李朝末期には国民の五〇％にまで達した。

なぜ李朝は、国防力を持たなかったのか？

中人という身分階級は、李朝に入ってから、常民や賤民が増えるのを恐れたために、両班と常民・賤民の間に緩衝的な役割を果たす階級としてつくられ、医、訳、算数、観象、写字、図画、技術の職種に限られていた。訳官は通訳官のことで、中国との事大交隣《サデキョリン》に関わったから、その権力は時には両班をしのぎ、中国の威を借りて両班を処分することもできた。

中人は非生産労働に従事する下級官僚階級であり、技術教育と実務官職に従事して、上級官僚の補助的な役を果たした。両班と同じように俸禄《ほうろく》を食《は》み、小作料などの収租権を持っていたが、納税、労役、兵役の義務を負わされていた。しかし、その下の常民と比較すれば、相当な権利を持っていた。

常民は国民の大多数を占めていたことから、良民《ヤンミン》とも呼ばれた。主として農業、手工業、商業に従事した。常民は土地を耕作することができ、租税、貢物《みつぎもの》、労役、兵役の義務を負っていたし、職業の選択や、移住する自由がなかった。

商工人はいちおう常民のなかに含まれていたが、現実には賤民の扱いを受けた。商品や、自分がつくった物を売る時に利益をあげるために、嘘をつくと見做《みな》されたからである。

武人は、上級の将官以外は中人か常民であったが、いずれにせよ李朝では蔑視《べっし》された。李朝は始祖である太祖の李成桂がクーデターによって王位を簒奪したために、逆に強い軍隊を警戒して、軍事力を持たなかった。

国防は、宗主国である中国に委《ゆだ》ねた。このために、十六世紀末に豊臣秀吉が壬辰倭乱《イムジンウエラン》と丁酉再乱《ジョンユゼラン》の二度にわたって侵攻してくると、まったく無防備だったために、またたく間に国土が蹂躙《じゅうりん》された。

この点では、今日の日本が、国防を保護国であるアメリカに依存しているのと、よく似ているといえよう。

一九〇一年に、大邱《テグ》地区における身分別人口の推移について行なわれた研究があるが、一七六〇年代には両班が8%、中人と常民が51・5%、賤民が40・5%という人口構成であったのが、一八六四年には両班が65・48%、中人と常民が33・96%、賤民がわずか0・56%にまで減っている。

大邱はもっとも儒教秩序が濃かった地方であったから、全国的に見ても、ほぼ同様と考えられている。

厳しい差別、恨《ハン》に溢《あふ》れた社会

一〇〇年あまりのうちに、このように賤民が激減し、中人と常民が競い合うように両班に昇格しているのは、当時の売職、買官がいかにひどかったかを示すとともに、家柄を証明した「族譜《チョッポ》」の金銭売買が盛んに行なわれたためである。族譜は詳細な家系図であって、今日でも韓国では、一族の本家にかならず備えられているが、日本の簡単な家系図とまったく違い、普通七〇巻あまりにわたるものである。

とくに李朝末期の高宗《コジョン》の時代に入ってから、身分構造の変化が著しく、中人・常民の両班化と、賤民の両班、中人、あるいは常民化現象が起こった。

賤民は、医者、皮工、役所に所属する官妓《クワンギ》、牛や馬を引く牽令《キュンエン》、猟師である砲手《ボス》、狩漁猟をする水尺《スチョク》、駅の使用人である駅卒《ヨオクゾル》、仏教の僧侶などから構成された。

さらに、その下に極賤民《クッチヨンミン》がいた。賤民は賤民で、その下の極賤民を差別して、威張り散らした。

賤民や極賤民は、一般人と区別するために、独特な髪型をしたうえに、すぐに区別できる服を着て、そのような履物しかはけなかった。両班はもちろんのこと、一般人であった中人と常民にも、腰を屈《かが》めて平身低頭しなければならなかった。そうしなければ、棍棒によって徹底的に叩かれる破目に陥った。居住地も、町や村から離れた辺地に置かれた。

もっとも、中人と常民も、両班に行き合った場合には、平身低頭の姿勢をとらねばならなかった。このような階級制度によって、社会は完全な窒息状態に陥り、身動きがとれなくなった。このために創意も活力も、まったく生まれることがなかった。恨《ハン》に溢《あふ》れた社会が形作られ、とうてい国家の名に価《あた》いしなかった。

なぜ、労働が蔑視されたのか?

李朝は儒教のなかでも、空理空論を好んで弄《もてあそ》ぶ朱子学を奉じたが、正義感の強い者や賢人は妬《うと》まれて排斥され、葬《ほうむ》りさられた。儒教は徳の高い名君が上に立つ国家を想定しているが、それは表向きのことで、現実はまったくその逆であった。

親への孝行と絶対的な服従と、長幼の序が厳しく守られた。そこまではよかったが、支配階級である両班は、勤労することを厳しく禁じられ、そして空疎な学問を至上なものとして尊んだ。

そこでは労働が卑《いや》しいものであり、常民以下の仕事とみなされた。額《ひたい》に汗《あせ》して働く者は蔑《さげす》まれた。両班は不労所得階級だった。

李朝末期のソウルに駐在したH・B・シル米公使が回想録に、高宗《コジョン》がアメリカ公使館を訪れた時に、アメリカの公使館員が庭でテニスに興じているのを見て、「どうして、あのようなことは召使いにさせないのか」とたずねたと記しているのは、有名な逸話である。

両班は、運動についても、汗を流すから尊厳を損ねる下賤な行為と見做していた。

今日の尺度で計れば何とも滑稽なことだったが、両班はすぐそばにある物でさえ、自分で取ることをしなかった。体を動かすのを嫌って、何でも召使いにさせた。両班は労働を忌《い》むことによって、その地位を保った。もし労働しているところが他の両班の目に触れることがあったら、両班にふさわしくない振る舞いをしたとして、格を下げられる恐れがあった。

李朝を通じて、工人や商人は極端なまで蔑視された。秀吉が朝鮮を侵略した時に、日本へ連行された多くの陶工が、日本において高い敬意をもって遇されたのと対照的である。

両班は、動乱や戦争の場合には、「君子危うきに近寄らず《クンジャウイホムハンコクカジマルラ》」の教えに従って、かならず避難した。そして常民が乱を平定すると、両班たちはまた権力を掌中にして、お手盛の論功行賞を行なって、民衆をほしいままに搾取した。

「誠実」とか、「信義」とか、「愛国」という言葉が氾濫していたものの、これらの言葉は利己主義に発する貪欲さを、外面だけ美しく装い、事大主義を覆い隠すための便法として用いられたにすぎなかった。

真似《まね》しなかった中国の悪習は、纏足《てんそく》と食人だけ

李氏朝鮮は、骨の髄まで腐敗しきっていた。李朝の支配階級は庶民に情けをかけることなどまったくなく、熾烈な骨肉の争いと、党派間の戦いに血道をあげていた。

李氏朝鮮は中国を宗主国として崇《あが》めたが、美辞麗句を弄《もてあそ》ぶことも、弱者を弄ぶことも、同じように本家の中国から学んだものだった。李氏朝鮮は勢道政治に終始した中国の悪政を、そのまま踏襲した。今日でも韓国語では「大国《デグク》」といえば、中国のことであり、中国だけを意味している。

近代中国文学の巨人である魯迅《ろじん》は、十九世紀から二十世紀にかけて生きた。処女作である『狂人日記』のなかで、主人公の中国人に、中国の歴史について語らせている。

「おれは歴史をひっくり返して調べてみた。この歴史には年代がなくて、どのページにも『仁義道徳』といった文字がくねくねと書いてある。どうせ眠れないから、夜中までかかって丹念にしらべた。すると字と字の間からやっと字が出てきた。本には一面に『食人』の二字が書いてあった」（竹内好訳・岩波文庫）

まるで、李氏朝鮮の歴史ではないか。韓族に漢族のような食人の習慣がなかったことだけが、違っている。

魯迅は、こう続けている。

「自分では人間が食いたいくせに、他人からは食われまいとする。だから疑心暗鬼で、お互いじろじろ相手を盗み見て……（略）四千年の食人の歴史をもつおれ。はじめはわからなかったが、いまわかった、まっとうな人間に顔むけできぬこのおれ」（同）

中国の歴史は、同じ人間を食べ、周辺の諸国をほしいままに侵略して、食い散らかした歴史である。中国には長いあいだにわたって、救い難い食人の慣習があった。

中国の古典に記載された易牙《えきが》という料理人が、自分の子を蒸して、暴虐無道の君主といわれた夏《か》の桀《けつ》王と殷《いん》の紂《ちゅう》王に食べさせた話は、よく知られている。『三国志』のなかにも、英雄である劉備《りゅうび》玄徳《げんとく》が、一夜、人肉の料理を振る舞われて楽しむ場面がある。

魯迅が言うように、中国の古典や、儒教の教典に出てくる美しい言葉は、そのようなおぞましい行ないを隠す役割を果たしてきた。

今日の中華人民共和国も、唐や元や、明や清を、型紙としてつくられている。

中国と海で隔《へだ》てられた日本の幸運

日本は幸運なことに、中国とは海によって隔てられて、かなりの距離があったために、韓族が受けたようなおぞましい影響を蒙《こうむ》ることがなかったから、李氏朝鮮と比較すればはるかに公正で、優しい社会を形成していた。

日本では支配階級が労働を忌《い》み嫌うことも、蔑視することもなかった。労働は神聖なものとして尊ばれた。中国社会を特徴づけた党派争いも、宦官も、奴隷制度も、野蛮な纏足《てんそく》も、賄賂《わいろ》漬けの社会も、模倣することがなかった。

それに李氏朝鮮が中国と同じ中央集権国家であったのに対して、同じころ日本では、実質的に独立した「藩」という、三〇〇近い公国に分かれていたことも、日本の国民に大きな幸福をもたらした。

李朝ではあらゆる道が、ソウルに通じていた。日本では各々の藩の藩主と藩士が、自藩の利益を図ることを考えた。そしてそれぞれの藩が、他の藩に負けないような力をつけるために、産業の振興に努めた。

李朝では中央から地方へ派遣された役人が、短い在任期間中に自分の懐《ふとこ》ろをできるだけ肥《こ》やすことばかり考えて、民衆を徹底的に収奪した。だから経済が停滞し疲弊するほかなかった。資本が蓄積されることはなかった。

李氏朝鮮は中国に範をとった「小中華《ソチユンフア》」であることを誇ったが、その通りの〝ミニ中国〟になっていた。そのために十九世紀後期に、西洋の挑戦に応《こた》えて近代化する力が蓄えられていなかった。

日本のほうは江戸時代を通じて、絢爛《けんらん》たる町人文化を開花させた。町人は支配階級であった武士よりも豊かな生活を営み、自由な文化を創りだした。街には大きな商店が軒《のき》を連《つら》ね、商品経済が発達していた。歌舞伎だけをとっても、町人がこのような豪華な舞台芸術を生んだことは、世界に類例がない。浮世絵版画が後にヨーロッパの印象派に大きな影響を与えたが、これもやはり町人のものだった。観劇や外食産業、伊勢《いせ》参りや湯治《とうじ》が、庶民の大きな娯楽となっていた。

ところが、李氏朝鮮では徹底した収奪が行なわれたから、豊かな町人文化が育つ素地がなかった。経済に活気が生まれることも、商業が発達することもなかった。商業といえば、商品を背負って歩く行商人である褓負商《ボブサン》が中心であり、街に店があっても、褓負商が営む小さな店舗しかなかった。庶民のための商業的な娯楽は、まったく存在しなかった。

両班に収奪される民衆の怨嗟《えんさ》の声

李氏朝鮮の、民衆に対する収奪がいかに苛酷なものであったか、ということは、当時の文学にも表われている。

李朝時代のもっとも有名な小説として、作者不詳の『春香伝《チユンヒヤンジヨン》』がある。李朝後期、一七〇〇年代のはじめに成立した作品で、国字のハングルによる文学である。李朝時代を舞台にしているが、春香という美しい娘と、全羅道の地方代官に当たる府使の息子の夢竜《モンヨン》という青年とのあいだの恋愛小説である。

父がソウルへ栄転すると、夢竜も父に従って上京する。そのあいだに後任者の悪代官が春香に横恋慕するが、春香に拒まれると、春香を投獄して、死刑を宣告する。

しかし夢竜は科挙に合格し、物乞いに変装して、隠密検察官である暗行御使《アムヘンオサ》になって全羅道に戻ってくる。そして、春香を救い、悪代官を捕えて罰するという筋書きである。

そのなかで、悪代官が宴会をしている席上に、夢竜が現われて、歌を吟じるシーンがある。

「金の樽の中の美酒《うまざけ》は千の民《たみ》の血にして、玉のような盤の上の佳《よ》き肴《さかな》は万の民の膏《あぶら》なり、燭台の蠟《ろう》が落ちるとき、民の涙落ち、歌声の高き處《ところ》に、民の怨《うら》みの声も亦《また》高まる」

（許南麒訳、岩波書店、昭和三十一年）

また、李氏朝鮮末期の代表的な知識人だった李人稙《イインジク》（一八六二―一九一六年）が、『血の涙』という詩をつくっている。

「両班たちが国を潰した。
賤民は両班に鞭《むち》打たれて、殺される。
殺されても、殴られても、不平をいえない。
少しでも値打ちがある物を持っていれば、両班が奪ってゆく。
妻が美しくて両班に奪われても、文句をいうのは禁物だ。
両班の前では、まったく無力な賤民は、自分の財産、妻だけではなく、
生命すらその気ままに委《ゆだ》ねられている。
口ひとつ間違えればぶっ叩かれるか、遠い島へ流される。
両班の刃にかけられて、生命すら保つことができない」

（『韓国現代史』第八巻、新丘文化社、ソウル）

信じがたい女性への虐待

李氏朝鮮が人の道にいかに深く背《そむ》いた社会であったかといえば、女性の扱いにも現われていた。

もし、李朝時代の両班の家に、女として生まれたら、人権はまったくなきに等しかった。

女性は男性に奉仕する奴隷として扱われた。男子は九歳ごろになると新郎になったが、女子は十六歳から十九歳のあいだに嫁いだ。その後は婚家から一歩外に出ることすら、許されなかった。

このように夫と妻との年齢差が大きかったのは、妻にできるだけ多くの子を産ませるためであった。女は家系を継ぐ男児を産むことが、何より大きな役割だった。

いったん嫁ぐと、他の男性と話をすることはもちろん、他の男を見ることも固く禁じられた。病んで医者に診てもらう時には、患者の脈のうえを糸でくくって、固く閉じられた障子《しょうじ》の外にいる医者が、その糸の先を持って診断した。

もし、女性の手が他の男に触れるようなことがあれば、たとえ相手に強いられたものであっても、その腕を切断されたうえで、家から追放された。実家では自分の娘であっても、実家の名誉を守るために、親が賜薬《サヤク》を与えて自殺することを強制した。

女性は結婚したら、夫が成長してから妾を数人同じ屋根の下に住まわせても、いささかでも嫉妬してはならなかった。そして、もしその結婚が、どのような事情によってであれ、一度取り消されたら、生涯、守節を強いられた。

夫を亡くした場合は、一生、嫁入りした〝夫家の魂《ブカノホン》〟にならねばならなかった。〝夫家の魂〟とは、夫家に全身全霊を捧げることである。そして性的な辛さに耐えるために、化粧用の小刀である銀粧刀《オンチャンド》か、針灸《はり》を股に刺して、その痛みによって我慢した。他の男と交際することはもちろん、ただ話したり、体に触れただけで、無条件で死罪に処せられた。

女性が他の男と話し、眺めるだけで離婚されたうえに、放逐《ほうちく》され、賜薬を与えられるようになったのは、聖君といわれた第四代の世宗（ハングル文字を創った王、83ページ参照）の時代からのことである。

男が科挙試験のために勉強するかたわら、女性は男性中心の道徳観が教え込まれるほかには、高い教育が与えられることがなかった。

朱子学では、孔子の教えを金科玉条として家のありかたを記した「朱子家系《テユジャカゲ》」と呼ばれるものがあり、そこでは女性に対して「七去之悪《チルコジアク》」を定めていた。それは嫁いだ女性が、婚家から追われる理由を七カ条に分けて列挙したものだった。いったん、婚家から追い出されたら、家の名誉に関わることとして、実家でも冷遇され、屈辱的な余生を送らねばならなかった。

「七去之悪」とは、第一に舅姑《きゆうこ》——夫の父母に従わない「不順舅姑《ブルスンクコ》」であり、第二に「無《ム》子《ジャ》」で、男児を産まねば、嫁の資格を失った。三つ目が「淫行《オンヘン》」で、夫以外の男性と話すのも、眺めるのも禁忌となっていた。

四つ目は「嫉妬《チルト》」である。夫が妾を持っても嫉妬してはならなかった。

五つ目が「悪疾《アクチル》」である。重い病にかかったら、追放された。六つ目が「口舌《クソル》」で、口論したり、他人を誹謗してはならなかった。七つ目が、「盗竊《トチヨク》」——盗みであった。

李朝が終わるまで、女性は五十代になるまで、家のなかに幽閉された生活を強いられた。老いてから、はじめて外出する自由が認められた。

そこで女性はやむにやまれぬ忍耐が強いられた。今日、韓国の女性は貞操観念が世界でもっとも強いと言って自慢しているが、それもこうした制度の産物であった。

女性は独立した人格を認められず、夫が罪に問われれば、夫や子とともに処刑された。

自分の一存で法を改定した金大中《キムデジュン》大統領

このように、李氏朝鮮は歪んだ社会だった。厳密に評して、李朝の体制は暴力装置であって、とうてい正常な国家体制とはいえない。今日の北朝鮮は、その延長線上にある。北朝鮮も体制が美辞麗句によって塗り固められているが、失政のために数百万人の国民が餓《う》えて死んでも、まったく反省することがない。

北朝鮮は李氏の儒教に代わって、金日成、正日父子に絶対的な忠誠を誓う怪しげな「主体思想《チユチエササン》」を、「唯一思想《ユイルササン》」としている。政権への忠誠の度合いによって分類された「成分《ソンブン》」と呼ばれる、複雑な身分制度がある。成分の区分は、親や祖父母の出身によって決まり、李朝時代の階級制度とまったく同じものである。私有財産制度がなく、人々は政治的な尺度によって、家をはじめとする財物を使用することができる。

批判する者は、裁判なしに処分されるか、地獄のような収容所に送られて、飢餓と洗脳教育とを強いられることが脱走者の証言で明らかになっている。

二〇〇〇年八月十五日に離散家族の再会が行なわれ、マスコミが盛んに報じた。南北とも一〇〇人ずつというが、朝鮮戦争後に韓国だけで一〇〇〇万人いた離散家族が、現在で七〇〇万人以上生存しているといわれる。

戦後五〇年経って、やっと一〇〇人が再会を許可された。それはそれで喜ぶべきだが、残った七〇〇万人の離散家族が会うためには、今後、七万年かかる計算になる。

天国か地獄で待つほうが、早いだろう。私も離散家族の一人で、再会の申請をした。世界の二〇〇カ国あまりのなかで、自由に往来ができないのは、北朝鮮だけだ。共産国である中国、キューバ、ベトナムでも自由な往来ができるというのに、「地上の楽園《チサンラクウオン》」だと称する国が、自由な出入国を固く拒んでいる。自由往来ができれば、離散家族の悲哀も、餓死も遠のくであろうに。

このような北朝鮮のありかたは、まさに李氏朝鮮によって形成された。

一方韓国は、近代的なデモクラシーの国であるはずなのに、歴代の大統領が権力を一手に握って、国王と同じように君臨してきた。青瓦台《チョンワデ》はまるで宮廷のようである。
かつて李承晩《イスンマン》大統領は海釣りを好んだが、竿《さお》を垂れていた時に放屁した。すると、わきにいた内務部長官が「シウオンハシムニダ！（御爽快でございます）」と諂《へつら》って叫んだという話が、当時の新聞に載《の》ったものだった。

盧泰愚《ノテウ》大統領は民主的なポーズを売り物にして当選すると、自分が「平凡な人《ポートン・サラム》」だと言って、パフォーマンスとしてアタッシェケースを持ったが、内実は変わらなかった。

金大中《キムデジュン》大統領も、「大統領閣下《デトンリヨンカッカ》」と「閣下」をつけて呼ぶことを禁じたが、いまでも大統領について「デトンリョンケソヌン……（大統領におかれましては……）」という言葉遣いが用いられている。

大統領の権限は絶大なものがある。二〇〇〇年六月に南北首脳会談が行なわれて、金大中大統領と金正日総書記が、歴史的といわれる抱擁をかわした。金大中大統領は平壌《ピョンヤン》からソウルに戻ると、韓国が独立して以後、半世紀以上にわたって北朝鮮に敵対し、共産主義に対抗することを目ざした国是を、大統領の個人的な意思一つによって、放棄した。北朝鮮を絶対的な悪として描いてきた学校教科書に、金大中大統領と金正日総書記が抱き合った写真が大きく載ることになり、反共法として知られてきた国家保安法が改定されることになった。このように法治主義が原則とされていても、実際は、多分に人治主義的なのである。

ここで、私は金大中大統領の対北政策の是非を論じるつもりはない。ただ、韓国が独立して以来、その基本に据えられてきた国是を、国会に諮《はか》ることも、民主的な討議を経ることもなく、大統領ただ一人の意思によって変更を決定したことを指摘しているのだ。

憲法、国家保安法上、北朝鮮の金政権は主敵であり、大韓民国国民の怨敵である。韓国は、六・二五朝鮮戦争、ビルマのアウンサン事件、ＫＡＬ機爆破、国民の拉致など、北朝鮮の謀略によって約一〇〇〇万人の住民が虐殺の被害を受けたはずなのに、いまでは逆に彼ら北朝鮮を口をきわめて称賛し、やれ金剛山観光だ、食糧支援だと、無制限に支援を施して、統一のためと謳《うた》っている。

十余年前、世界の共産圏が経済破綻で潰れたのと同様に、北朝鮮も権力の維持さえ困難な状況に直面している。彼ら権力者が潰れることによって二〇〇〇万の住民が助かることは火を見るより明らかだが、金大中大統領はこれを助けるのが進歩的民主主義であると謳い、かわりに従来の反共自由民主主義の国是を「反統一、右翼」として、糾弾している。そして、三大新聞をはじめとして言論界、放送界に圧力を加えつつあるのは、愚の骨頂というべきである。

【李朝五〇〇年の民衆文学】

五章　血の涙と、号哭《ごうこく》の声

——圧政下に咲いた民衆文化の精華

わが子を喪《うしな》った母親の哀歌

李氏朝鮮時代を通じて、民衆のすべての創意が圧殺されたわけでは、もちろんなかった。いくら上から強く抑えつけられても、韓民族は精気と才能に溢《あふ》れているのだ。女性のなかからも、多くの秀れた作家が輩出した。

許蘭雪軒《ホランソルホン》もその一人である。日本の紫式部とは時代が五〇〇年以上離れているが、これと比肩《ひけん》しうると言ってもいい存在であった。許蘭雪軒の一家は、両班のなかでも高麗末期の名高い宰相だった許珙《ホコン》の血をひく名門であった。

許蘭雪軒は、李朝の成立から一七一年後の一五六三年に生まれて、一五八九年に二十七歳の短い生涯を閉じた。名前を楚姫《チョヒ》といい、蘭雪軒は雅号だった。

彼女は当時の極端な男尊女卑の社会で、明星のように輝いた才女だった。

許蘭雪軒の代表的な詩を紹介したい。彼女が相次いで二人の子を亡くしたときの作で「哭子《コクジャ》」と題されており、わが子を悼《いた》む悲歌である。

去年喪愛女　去る年に愛している娘を亡くした

今年喪愛子　今年また愛している息子を亡くした
哀哀広陵土　悲しい悲しい広陵の地に
双墳相対起　二つの塚が並んで立っている
粛粛白楊風　粛々と白楊の枝が風にそよぎ
鬼火明松楸　松林には鬼火がゆらいでいる
紙銭招汝魂　涙ながらに供え物をして幼い魂を呼びつつ
玄酒奠汝丘　母はお前たちの墓に酒を灌《そそ》ぐ
応知兄弟魂　ああお前たち姉弟の魂は夜ごとに睦《むつ》まじく
夜夜相追遊　遊び戯《たわむ》れていることは知っているが
縦有腹中孩　これからまた腹に子を妊《みごも》ったとしても
安可冀長成　私はどうやって育てることができるだろうか
浪吟黄合詞　声低く子守歌を歌いつつ
血涙非呑声　血の涙を流しながら号哭《ごうこく》の声を抑えている

両班の家に嫁いだ若い妻は、自分の意思で自由に外出することができなかったが、目上の家へ挨拶に行くときと、墓参りのときのみ、家の外へ出ることが許された。

毎日が針の褥《しとね》の結婚生活

蘭雪軒の父の許曄《ホヨプ》（一五一七―一五八〇年）も碩学《せきがく》であり、優れた文章家として知られた。許曄は二十九歳で科挙の文科に合格し、参賛官（内閣の次官に相当）として国王の側《そば》に仕えたが、党派争いに捲《ま》き込まれ、讒言《ざんげん》によって罷免《ひめん》された。しかし、その後に復職して同知中枢府事となり、慶尚北道の北西部、尚州《サンジュ》で客死した。許曄には農民を啓蒙する『警民編《キヨンミンピオン》』や、君臣、父子、夫婦、長幼、朋友の道を説いた『三綱二倫行実《イケンイユンヘンシル》』などの著作がある。

許一家は、華麗な一族であった。許曄の三人の息子はみな大臣か、それに相当する地位まで昇った。一族のなかで、韓国史においてもっとも名高いのが、三男の許筠《ホキユン》（一五六九―一六一八年）である。筠は二十五歳の若さで科挙に合格し、大臣級の礼曹判書、刑曹判書、議政府参賛などの要職を歴任し、使臣として北京へ赴いたこともあった。議政府は李朝の最高の官庁であり、左参賛と右参賛があったが、今日でいえば次官級である。

しかし、筠はなによりもハングルによる最初の国文小説である『洪吉童伝《ホンギルトンジョン》』を著した（一六〇七年）ことによって、韓国史に名を刻んでいる。今日でも韓国において、許筠の名を知らない者はいない。

しかし、許一族も李朝の残酷きわまりない党派抗争によって翻弄され、悲惨な運命をたどった。李朝を通じて、このような悲劇的な一族はけっして珍しくなかった。いかなる顕官（地位の高い官職の人）であっても、讒訴《ざんそ》のまえには何ら打つ手がなかった。そして党派争いに敗れるか、誣告《ぶこく》されれば、一族が皆殺しとなった。取り調べや裁きはその後で行なわれ、無実が明らかになれば、死後に名誉が回復され、元の地位が追贈された。もちろん殺された側にすれば、何の意味もなかった。

蘭雪軒は、当時の女性としてきわめて珍しいことに、父の手によって、幼少期から高い教育を受けた。

だが彼女も、李氏朝鮮時代の不幸な女性の一人だった。十六歳で凡庸な夫のもとに嫁《か》した。夫も役人だった。夫は学識がある妻に対する劣等感に捉われて、その憂《う》さを外で酒色の享楽に耽《ふけ》ることによって晴らした。姑の宋氏《ソンシ》は息子が外で遊ぶのを、妻が至らないからだと蘭雪軒に責任を転嫁した。彼女にとって婚家の生活は、毎日が針の褥《しとね》であった。

許蘭雪軒は二十七歳の時に、手元にあった多くの詩稿を燃やして、灯が消えてゆくようにその生涯を終えた。

ところが、姉の詩稿をひそかに保管していた弟の筠《キュン》が、死後にその詩稿を明国の使者の朱《しゅ》之蕃《しばん》に見せたところ、感嘆して明に持ち帰って、『許蘭雪軒集』として刊行された。

大喝采を浴びた神出鬼没の義賊の物語

蘭雪軒《ランソルホン》の弟で、許曄《ホヨプ》の三男として生まれた許筠《ホキュン》は、正義感に溢れ、李朝の両班社会の矛盾に対して、深い憤《いきどお》りを抱いていた。高麗の名宰相の血を享《う》けていたことも、李朝の体制に対して批判的な眼を向けさせたに違いない。筠はとくに特権階層の不正腐敗を嫌い、両班階級による民衆に対する苛斂誅求《かれんちゅうきゅう》を糾弾して、改革を提唱した。

彼の『洪吉童伝』は、韓国人なら誰でもかならず読んだことがある歴史小説である。主人公の洪吉童は、全国にわたって神出鬼没の義賊《ウィチョ》である。この名は、今日でも「ホンギルトン」（全国を神出鬼没に駆け巡る人）という言葉になって、韓国語の日常会話のなかで用いられている。

筠にこの小説を書かせた時代背景は、このようなものだ。一五九二年と九七年の壬辰倭乱と丁酉再乱（文禄・慶長の役）によって、六年にわたって国土は戦場と化し、人口も半分以下に減った。食物はほとんどなく人民は苦しみに喘《あえ》いだ。ところが、政治家は人民の惨状を知っていながら、限りない搾取と苛斂誅求を続けていた。

日本で訳出されていないようなので、粗筋《あらすじ》を紹介しよう。

時は李朝第四代の世宗王の時代、洪政丞《ホンジョンスン》（政丞は大臣）と侍婢《シビ》（賤民出身の女中）である春纖《チュンソム》との間に息子が生まれた。この子供が吉童《ギルトン》である。吉童は聡明で、学業も優秀であったが、母が侍婢であったために、社会の下積みに甘んじなければならなかった。

だが吉童には天才的な素質があり、「呼風喚雨《ホベンファンウ》」（風を吹かせ、雨を降らす）する術と「遁甲術《トンカプスル》」（変身して逃げる術）を体得していた。

彼は、差別に我慢に我慢を重ねていたが、その蔑視に耐えられず、ついに家出して、「活貧党《ファルビンタン》」をつくった。そしてその党首となり、体得していた道術を使って八道（当時は、現在のような十三道ではなく、全国を八道で区切った）の守令（道知事）たちが不正に蓄財した財産を奪い、その財産で貧民を救済した。それを見た盗賊たちが、吉童の義挙に感服して集《つど》った。

国王が吉童を逮捕するように命じたが、神出鬼没の吉童を捕えることができなかった。国王はやむを得ず、吉童を兵曹判書（国防大臣）に任命して、「そのような悪戯《いたずら》をやめるように」懇願するが、王の願いを断わり、故国を離れて南京に向かった。そしてその途中で、硉島国《ユルトククク》という空想の国に立ち寄って、ここの国王に就任して理想の国を建設する。

この国民的な小説は、中国の元の末期から明の初期にかけて創作された『水滸伝《すいこでん》』に着想を得たものだといわれる。『水滸伝』も盗賊の話だ。

それとともに、筠が生まれる一〇年前から、侠盗として知られた林巨正《イムコジヨン》が黄海道から京畿道までの一帯を自由に動きまわって、貪官汚吏《タムクワンオリ》を打ち殺して財物を盗み、貧民に与え援《たす》けて、民衆から英雄視されていたのにも題材を取っている。

林巨正はソウルの北方の京畿道の揚州《ヤンジユ》で生まれ、最下層の被差別賤民である白丁《ペクチヨン》の出身だった。民衆は過酷な収奪に喘《あえ》いで、農村は疲弊しきっていたから、林巨正が官憲の鼻を明かすのに喝采した。林巨正は筠が三歳になった一五八二年に、黄海道の戴寧《ジェリョン》で討捕使によって捕えられて、処刑された。

筠は民衆のために、この『洪吉童伝』を、あえてハングルを用いて書いた。『洪吉童伝』の木板本が現存しているが、全文がハングルによって彫られている。


はじめて民衆にハングルを普及させたのは、日本だった

ハングルは李朝が滅びるまで、諺文《オンムン》と呼ばれて、女や子供のための文字として蔑《さげす》まれていた。エリートである両班たちは慕華《モファ》思想《ササン》に凝り固まっていたので、漢文しか使わなかった。

首都の漢城《ハンソン》と呼ばれたソウルには、中国の属国であることを示す迎恩門《ヨンオンムン》と、慕華館《モファクアン》があった。李朝の歴代の国王は中国から勅使が来ると、迎恩門まで出迎えて、臣下としての礼を取らねばならなかった。慕華館は使節の宿舎であった。

ハングルは一四四三年に、李朝四代目の世宗王のときに考案された独自の文字であったにもかかわらず、その後、李朝を通じて、国字としての正統な地位が与えられることがなかった。

これは日本がカナを公文書にも用いたのと、対照的であった。もしハングルが日本のカナと同じように使用されたとしたら、民族として自立的な意識を強めて、中国という妖怪を崇める慕華思想の呪縛から脱することができただろうが、そうならなかったのは残念なことである。日本の独特なカナは、日本の文化的独立を強める役割を果たした。

ハングルは、音を表わす要素を組み合わせてつくられる音節文字だが、韓国語も漢字と、日本語のカナに相当するハングルを混ぜて書かなければ、自由に表現することができない。朴正熙《パクチョンフィ》政権のもとで民族主義を発露するために、一時期、漢字の使用をいっさい排したことがあったが、これはカナだけを使って日本語を表記するのと同じで、不便きわまりなかった。

ハングルが全国民に教えられるようになったのは、日帝時代になってからのことである。韓日併合の翌年の一九一一（明治四十四）年から、総督府によって朝鮮教育令が施行され、初、中、高等学校で朝鮮人、日本人の生徒の区別なく、ハングルを必修科目とすることに決められた。

もちろん、朝鮮教育令は朝鮮人を、忠良な日本国民に仕立てることを目的としていた。私が日帝時代に小学校へ通っていた時は、朝鮮語がよくできる日本人教師は、月二円の加俸があった。当時の一円は今日の日本円の数万円に相当しただろう。

もっとも、昭和十年代に入ってから「皇民化教育」が強められると、日本語が強調されて、ハングルが教えられなくなった。だがハングルをはじめて韓国民に教えた総督府の功績も、忘れてはならない。

讒言《ざんげん》によって処刑された許筠《ホキユン》の最期

許筠はヒューマニストであった。両班社会では、正妻との間に生まれた嫡子に対して、妾との間に生まれた庶子が厳しい差別を受けていたが、筠は庶孽党《ソオルタン》とも親しく交際して、そのようなつまらない差別を撤廃すべきことを公然と主張した。庶孽党は庶子たちがつくっていた団体であった。

許筠は儒教に矛盾を感じていたが、明を通じてもたらされた天主教をはじめとする西学（洋学）にも関心を持った。そのために儒家や両班たちから、猜疑《さいぎ》の眼で見られた。

そうしたなかで、奇俊格《キジョンキョク》という無名の儒者が筠を誣告《ぶこく》したために、許筠は一六一八年に反逆罪に問われて、十分な取り調べが行なわれることも裁判にかけられることもなく、四十九歳で斬殺刑に処せられた。

斬殺刑は、毒を賜《たまわ》って自ら仰ぐ賜薬《サヤク》と違って不名誉なものであり、鈍刀が用いられた。まず手足が切られた。そして分断された体が、全国の各所に分けて曝《さら》された。賜薬は、日本なら切腹を申し付けられるのと似ているが、斬殺刑は一切の名誉も重んじられない過酷な刑だった。

許筠が処刑された一六一八年は、光海君《クアンヘグン》十年に当たった。光海君は李朝第十五代の国王である（在位一六〇八―二三年）。残虐きわまりない暴君で、自分の実の兄である臨海君《イムヘグン》と弟の永昌大君《ヨンチャンデグン》を殺し、義理の母后である仁穆大姫《インモクデビ》の父親で祖父でもある金悌男《キムジェナム》を殺し、母后を幽閉した。一六二三年に仁祖反正《インジョバンジョン》として知られる政変によって王座から追われた（七章で詳述）。

李朝のもとでは王への上疎《じょうそ》（投書すること）によって、功労者や有益な人材を罪に陥れて、流刑《るけい》に処したり、死刑にすることが頻繁に起こったが、光海君の時代はとくにひどく、許筠もまたその中で犠牲となったのである。

西洋文明との出会いに見る、日本と中韓の違い

ところで、李氏朝鮮と西洋との最初の出会いは、一六〇一年にイエズス会のマテオ・リッチが、西洋人の宣教師としてはじめて北京に入ったことから始まった。

イエズス会は一五三四年に、フランシスコ・ザビエルを含む七人の修道士によって結成された。リッチは中国では利瑪竇《りまとう》として知られたが、北京に滞在した間に口述による多くの著作を刊行して、天主教と呼ばれたキリスト教はもちろん、西洋の暦学、天文学をはじめとする科学や、知識を紹介した。

リッチは世界地図を中国へはじめてもたらしたが、それまでの中国の地図は尊華卑夷《そんかひい》に基づいて、中国を世界の中心に置いて、せいぜいインドぐらいまでしか記されていなかった。リッチの五洲を描いた世界地図は、中国のまわりを東夷《とうい》、西戎《せいじゅう》、南蛮《なんばん》、北狄《ほくてき》の蛮族が囲んでいるという儒教的な華夷秩序を覆《くつがえ》す力を持っていた。

一六〇三年、李朝の使臣が北京から、リッチによる「欧羅巴《ヨーロッパ》国輿地図一件六幅」を宮廷

に持ち帰ったのをきっかけとして、李氏朝鮮に西学の書籍が流れ込むようになった。許筠も北京でこれらの書籍に接したか、他の使節が伝えたものを閲覧したのだろう。しかし、李氏朝鮮は儒教によって呪縛されていたから、このような新しい知識の流入を拒《こば》み、異端として排斥した。

日本は安土桃山時代になって、ザビエルをはじめとする南蛮の宣教師が到来すると、幼児のように旺盛な好奇心を持って、新しい知識や品々に接した。一五四三年に南蛮船が種《たね》子島《がしま》に漂着して、はじめて鉄砲を伝えると、短期間でその技術を吸収して、四、五〇年後には世界で最大の鉄砲保有国となった。

これは李氏朝鮮が儒教の教えだけを崇《あが》めて、匠《ジャン》や、実学である技術を末技《マルキ》として賤視したのと大きく違っていた。日本では、李朝で西学と呼ばれた洋学に拒否反応を示すことがなかった。

「夜郎自大《やろうじだい》」という表現は、中国の西南部にいた夜郎という野蛮人の小国が、漢の強大さを知らなかったために、漢の使者に対して尊大に振る舞ったことを嘲笑《あざけ》る言葉である。しかし、中国も李氏朝鮮も、まさに夜郎だった。そのために、十九世紀に入って西洋の脅威に曝《さら》されると、近代化することができず、国を滅ぼした。

『春香伝』と『忠臣蔵』の違いとは？

『洪吉童伝』は四章で紹介した『春香伝《チュンヒャンジョン》』と並んで、韓国民にもっとも親しまれ、人気が高い作品である。

『春香伝』は李朝末期の小説だが、『洪吉童伝』と違って作者が不詳である。十七世紀末から十八世紀初期にかけて、長い物語に節をつけて、しぐさを織《お》り交《ま》ぜながら歌うパンソリの歌い手によって作られたといわれる。

『洪吉童伝』と『春香伝』は、ともに両班による民衆に対する過酷な搾取をテーマにしている。たしかに『春香伝』は、両班の嫡子と妓生《キーセン》あがりの退妓《テキ》の娘が相思相愛の間柄になり、階級の絶対的なタブーを超えて結ばれる恋の物語ではある。

だが、悪政に対して正義が勝つという筋運びが、何よりも民衆の鬱憤《うっぷん》を晴らした。春香の恋人が暗行御使《アムヘンオサ》として乞食に変装して故郷に戻り、悪代官の宴席に乗り込んで身分を明し、「暗行御使出道《アムヘンオサチュルド》！」（暗行御使まかりでる）と一喝するところが山場で、この場面になると、読み手は溜飲が下がるというものだ。

『春香伝』は、朝日新聞が明治十五（一八八二）年から翻訳して連載したことによって、はじめて日本に紹介された。連載の最終回は、「世間の女子よ、此冊子を一度読みて守節の尊ぶべきことを知れ」という訳者の言葉によって結ばれている。

日本で『洪吉童伝』や『春香伝』と同じように、国民によってもっとも愛され、人気が高い歴史的な作品といえば、何といっても四七人の赤穂《あこう》浪士による仇討《あだう》ち劇である『忠臣蔵』であろう。藩主が江戸城内で刃傷沙汰《にんじょうざた》に及んだために、切腹を申し付けられ、取り潰された赤穂藩の浪士が、家老の大石良雄《おおいしよしお》に率いられて艱難辛苦《かんなんしんく》を重ねた末に、見事、主君の遺恨を晴らしたという史実に基づいている。

私は、ここにも李氏朝鮮と江戸時代の日本とを分かつ際立《きわだ》った違いが見られると思う。『洪吉童伝』と『春香伝』が李朝の苛斂誅求な暗い社会を主題としているのに対して、『忠臣蔵』のほうは武士の主君への、ひたむきで純粋な忠誠心をテーマとしている。

つまり日本は、李氏朝鮮を通じて儒教を吸収したが、儒教をすっかり浄化して、忠をもっとも重要な価値とする日本型の儒教に作り変えたのだった。「忠」という概念を行動哲学の中心に据える考え方は、中国にも韓国にも生まれなかった。

江戸時代の日本文学は、日本のシェークスピア（一五六四－一六一六年）として知られる近松門左衛門《ちかまつもんざえもん》（一六五三－一七二四年）の『曾根崎心中《そねざきしんじゅう》』のように、大きな商家や、その手代《てだい》を主人公にしたものが多く、日本の町人が豊かな消費生活を営み、庶民が今日の日本と同じように享楽的で、旺盛な物欲を持っていたことを示している。

シェークスピアの戯曲が、王侯貴族を主人公としているのと対照的である。近松は大石や赤穂浪士と同じ時代に活躍したが、李氏朝鮮では李朝中期に当たった。江戸時代の日本ほど、庶民が自由で豊かな生活を享受していた国は、世界になかった。

元禄時代は日本の経済力が急速に増し、町民が贅沢《ぜいたく》に耽《ふけ》ったことから、幕府が民衆に対して奢侈《しゃし》を禁止する令を出したほどだった。

盗賊といえば、江戸時代末期に大当たりした歌舞伎狂言で、大名屋敷を専門に盗みを働いた義賊として今日でも日本国民に知られる鼠小僧次郎吉《ねずみこぞうじろきち》を主人公とした『鼠小紋東君新形《ねずみこもんはるのしんがた》』がある。しかし、李氏朝鮮のような非道な支配と、民衆の救われない惨めな境遇を描いたものではない。

妓生《キーセン》出身の天才的女流詩人

李朝中期のもう一人の女性作家を、登場させたい。

黄真伊《フワンジンイ》は妓生《キーセン》であった。一五〇二年に開城《ケソン》で生まれ、三十四歳で没したと推定されている。真伊の父は下級官僚の両班で、母は常民の娘だった。両班は常民の娘と結婚することができたが、ふつうは妾にすることのほうが多かった。

黄真伊は、自分に恋した青年が病死するまで、母親がその青年のことを隠していたために、その片想いしていた若者がいたことを知らなかった。ところが、その若者の葬列が、彼女の家の門の前で動けなくなったために、母にどうしたことかと質《ただ》したところ、はじめて青年が自分を切《せつ》に慕《した》って焦《こが》れていたことを知った。そして青年が生前に自分に会うことを願ったのに、母が断ったことを知った。

真伊は自分がもっとも大事にしていた衣装を、青年の冷たくなった体のうえに広げて置いた。すると、葬儀の車が動きだした。このことをきっかけにして、真伊は一転して妓生という賤職を志願して、その後、妓生詩人として多くの優れた詩を遺すことになった。

真伊は韓国女性として、人生と愛情とを詩に託して、忌憚《きたん》なく詠《よ》んだ。どの作品も、昔もいまも変わらない虚無の人生と、去っていく愛情を描いている。真伊は妓生として生きていた時から、すでに「詩聖」として名高かったが、その詩は今日でも韓国で、多くの人々によって親しまれている。

真伊は呼吸することも難しいような、女性に対してはとくに厳しい儒教社会の束縛から、勇敢に飛び出し脱出したのだった。彼女は個性と喜怒哀楽が抑えられることに堪えがたい苦痛を感じていたから、当時の男性よりも強い勇気を発揮して、抑圧された環境から解放されるために妓生となる道を選んだのだった。

当時の女性にとっては、機械的に家訓を守るか、妓生として男性社会に進出するか、この二つしか道がなかった。

儒教社会においては、男性たちは善悪の区別もつけずに、何よりも出世することを望み、虚栄心にばかり捉われていた。真伊は不道徳で、真実と虚偽の分別もない男性社会を縦横無尽に闊歩《かっぽ》した。

彼女は心をもって接してくる男性に対しては愛情を注ぎ、愛を奔放に発散して、自由と人権と愛情を渇望した。

黄真伊は絶世の美人であった。開城《ケソン》の歴史的な逸話を集めた『松都記異《ソントキイ》』のなかに、真伊が登場する。中国の勅使の一行が開城を通過する時に、その行列を眺めようと集まった群衆のなかに、黄真伊がいた。勅使が真伊を見つけて、しばらく目を離さなかった。そして朝鮮の通訳に「あなたの国には、天の下で比類のない美人がいる」と嘆じたと記録している。

「松都」は開城のことで、松嶽山《ソンアクサン》という有名な山があることから、そう呼ばれている。『松都記異』は、暗行御使を務めた李徳洄（一五六六―一六四五年）が著した本である。

彼女の魅力に抗しきれなかった男たち

ある時、黄真伊は、大臣に相当する判書などを歴任した高官である蘇世譲《ソセヤン》と会った。蘇世譲は日頃、家臣に「女色に惑わされるようでは、男といえない」と語っていた。彼は黄真伊とはじめ三〇日だけと日数《ひかず》を限って、ともに過ごしたが、当初はそれ以上過ごしたら人間ではないと言っていた。

三〇日目になって、蘇世譲が帰る支度をしている時に、真伊が漢詩を詠んだ。それを聞いたとたん、「俺は人に非《あら》ず」と嘆いて、衣服を脱いで同宿しつづけた。黄真伊の真骨頂を表わす逸話である。この詩は「奉別蘇判書世譲、送別蘇陽谷」として知られる。「陽谷」は蘇世譲の号である。

月下梧桐尽　月光の下に桐の葉が落ち
霜中野菊黄　霜のなかに野菊が咲く
楼高天一尺　高い楼台は天空と一尺しか隔たっていない
人酔酒千觴　千杯の酒を飲んで人は酔い
流水如琴冷　流れる水の音《ね》は琴の音のように冷たく
梅花入笛香　梅の花は笛の音《ね》のなかで香り
明朝相別後　明朝、互いに離別したあとには
情興碧波長　恋しい思いだけが青い波のように終わりなく続くだろう

ある時、碧渓守《ビッケス》という高名な詩人が、「自分だけは、絶対に黄真伊に惚れることはない」

と言って威張っていたが、あるとき馬に乗って、真伊を山の上の満月台に誘いだした。真伊は碧渓守の馬の息が荒いのを見て、「馬の息がどうして荒いのか。あなたの恋心を乗せているからでしょう」とからかった。

そして彼女は「山は昔の山なれど、水は昔の水ではない。昼夜流れ、昔の水があるはずもなく、人傑《ひと》も水と同じく、逝けばまた来ることがない。青山の碧渓水《ビッケス》よ、早く帰ることを威張るなかれ、水が一度海へ注いだら再び帰ることがない。明月が空いっぱいにかかるから、休んでいけばよいのに」と吟じた。明月は、真伊の号だった。碧渓守も彼女を愛するようになった。

碧渓守《ビッケス》の守《ス》と水《ス》が同音であることから、「碧《ビッ》い渓《ケ》の水《ス》」と語呂を合わせたものである。

黄真伊は才気が迸《ほとばし》り、機知に富んでいた。英語でいえば、「ウィット」であろう。

知足禅師《チジヨクソンサ》という三〇年間も修道して、覚《さと》りを開いた有名な高僧がいた。真伊はこの禅師を誘ったが、まったく心を動かさなかった。それでも禅師を虜《とりこ》にして、自分との愛欲生活に引きずり込んだ。禅師は「花潭《ファタム》（徐敬徳《ソキヨントク》）、朴渕瀑布《パクヨンポッポ》、黄真伊《フワンジンイ》」と言って、真伊を「松都三絶」の一つであると称《たた》えた。

徐敬徳《ソキヨントク》は号を花潭といって、官職を好まなかったが、母の命令で科挙を受験して合格した。道学に打ち込み、貧乏生活にも泰然として、日本であれば松下村塾《しようかそんじゆく》に相当する書院をつくって、弟子を養成した。死後、第十四代の宣祖王《ソンジヨワン》が右議政を追贈したほどの人物であった。

李白《りはく》の詩になぞらえた即興詩の見事さ

また、あるとき、黄真伊は李生《イセン》という青年とともに、金剛山を遊覧した。李生は総理大臣に当たる領議政の息子であったとしか知られていない。真伊にとって、このような旅はただ風光を楽しむ遊びではなく、俗塵《ぞくじん》を払い、風流の真髄を経験するものであった。この時に、彼女は代表的な漢詩である「朴渕《バクヨン》」を作った。朴渕は瀑布《ばくふ》のことである。

一派長川噴壑聾　一筋の遠くから流れてくる川が、岩の間に噴きあがる
龍湫百仭水潨潨　瀑布《たき》は百仭《じん》に及び、水の音が轟々《ごうごう》としている
飛泉倒瀉疑銀漢　飛ぶようにさかんに噴《ふ》きあげ、銀河の水のように見える

怒瀑横垂宛白虹　怒った瀑布《ばくふ》は周囲に散って、白い虹をつくりだす
雹乱霆馳弥洞府　水が目が眩《くら》むように溢《あふ》れ、洞穴にも満ちて
珠舂玉砕徹青空　珠玉を臼《うす》で砕き、蒼い空にまいてゆく
遊人莫道廬山勝　旅人よ、廬山《ノサン》を低いと言うなかれ
須識天磨冠海東　須《すべか》く天磨山《チヨンマサン》がわが国で最も高いことを知れ

廬山《ノサン》とも呼ばれる香爐峰《ヒヤンノボン》は江原道固城郡にある高さ一二九三メートルの名山であり、天《チヨン》磨山《マサン》は平安北道義舟郡にある一六一九メートルの、やはり名山として知られている。

先の漢詩は開城にある「朴渕瀑布」を詠んだ詩であるが、唐の李白《りはく》の「廬山《ろざん》の瀑布《ばくふ》を望む」の詩を模している。中国江西省にある香爐峰のことである。李白の詩を引用しよう。

日照香爐生紫煙　日は香爐《こうろ》を照らし紫煙を生ず
遥看瀑布桂長川　遥かに看《み》る瀑布の長川にかかるを
飛流直下三千尺　飛流の直下一気に三千尺の高さから落下し

疑是銀河落九夫　天の川が天空から落ちてくるようだ

真伊は李白の詩を、即興的に活用することができた。禅師、宰相、文豪、学者も、真伊の前ではその才覚に圧倒された。彼女は天才的な詩人だったが、生没した年も、どこで誰から学んだかも記録がなく、こうした才能がどこから生まれてきたのか、不思議としか言いようがない。

韓国が誇る風流詩人である真伊は、三十四歳で生涯を閉じた。死に臨んで「哭《こく》すること勿《なか》れ。出葬には鼓楽導之すべし」と語ったという。死ぬ瞬時まで、不羈《ふき》（束縛されないこと）と風流を貫いたのだった。

ここでは李朝の許蘭雪軒と黄真伊の異色な二人の女性と、許筠の三人だけに脚光を当ててみたが、韓民族はどの民族にも負けず、豊かな創造力と才気に溢れている。

歴史を振り返って、もし、あの時にああなっていればとか、ああなっていなければ、と言ってはならないというが、李朝が韓族に中国から儒教の呪いをもたらさなかったとしたら、韓族は五〇〇年を通じて日本に劣らない力を蓄えて、十九世紀を迎えたことだろう。

今日の韓国は、韓族の才能が抑えられることなく、自由に発揮することが許されれば、豊かな国を築けることを証している。日帝の支配から解放された時には、北のほうが南よりも工業施設が整い、天然資源に恵まれていた。それにもかかわらず、今日、北朝鮮が停滞しきって破綻しているのは、その施政が李氏朝鮮を再現したものだからである。

【十五世紀から十六世紀前半まで】

六章　李朝《りちょう》五〇〇年と、徳川三〇〇年

――なぜ李朝は、凄惨な政争に明け暮れなければならなかったのか？

李朝五〇〇年と徳川三〇〇年、最大の違いとは？

李朝《りちょう》時代の朝鮮半島と徳川時代の日本は、さほど広くない海峡によって隔《へだ》てられただけの隣国であったにもかかわらず、まったくといってよいほど異質な国を形成していた。そして、このような隔たりは、今日にいたるまで、残念なことに韓日両国を「近くて遠い国」としている。

家康は夭逝《ようせい》した幼子を除いて、九人の男子に恵まれた。李朝を築いて初代の王としての太祖となった李成桂には八人の息子がいたから、家康のほうが一人多い。李成桂は七十三歳、家康は七十五歳で、それぞれ同じような年齢で没した。

家康の臨終の枕元には、罪人を試し斬りにした血刀が一振り置かれていたと伝えられている。史実かどうか、分からない。武力によって天下を奪った家康の生涯にふさわしい話として、後世の著述家の手によって作られた話であるようにも思える。家康も、李成桂も、血刀によって支配者となった。しかし、家康と李成桂が天下を握った後の二つの国のありかたは、対照的である。

家康の晩年を見てみよう。家康は一六〇〇年に関ヶ原の戦いに勝って、その三年後に征夷大将軍の宣下《せんげ》を受けて徳川幕府を開いたが、一六〇五年に将軍職を三男の秀忠《ひでただ》に譲り、駿河《するが》に引退した。だが、大御所として没するまで幕政を後見した。

死因は癌《がん》だったといわれる。彼は戦国時代を戦いぬき、豊臣家を大坂冬の陣、夏の陣で滅ぼすまで、血腥《ちなまぐさ》い人生を送った。しかし、いったん天下を握ってからは、子たちも家康によく従い、互いによく協力し合い、家康が大御所となった後にも、他の一族とともに変わることなく、二代将軍を支えた。

李成桂も、家康も、それぞれ国王と将軍の位についてから数年後に、その地位を子に譲って隠居した。もっとも、家康の場合は、終生実権を手離すことはなかった。それに対して李成桂は、息子たちが文字どおりの血みどろな抗争を繰り広げるのに嫌気がさして、実子である王からの使者に会うことさえ拒んだくらいだったから、隠棲することを強いられたといったほうがよかった。

徳川将軍家の場合には、兄弟はもちろんのこと、一族の間で権力争いをして殺し合うということは、一口に徳川三〇〇年といわれる二六五年間を通じて、一度としてなかった。

徳川期を特徴づけた天下泰平の世は、人々がことさらに和を重んじ、法がよく守られたことによって、もたらされたものであった。

李朝ではその五〇〇年を通じて、王家の親子、兄弟、親族の間で凄惨きわまりない殺戮《さつりく》劇が繰り返された。これは李氏朝鮮が中国の利己的で、残酷な政治文化を進んで手本として、中国という腐敗しきった甕《かめ》のなかに身を投じたからであった。偽りにみちた中国という帝国を美化し、その属国となったことが、韓民族の心に、今日にいたるまで深い傷を残している。

李朝五〇〇年を通じて、王族が互いに権謀術策を弄《ろう》して、臣下を捲《ま》き込むか、あるいは臣下が国王を捲き込んで血を流す、党派抗争《タンバハンジャン》が年中行事のように展開された。

官製歴史書に記された成宗《ソンジョン》の治績

第九代の成宗《ソンジョン》王は、世祖の孫に当たった。一四五七年に生まれ、一四六九年に即位、一四九四年に三十七歳で没するまで、二五年間にわたって在位した。即位したときが十三歳で幼少であったため、七代目の世祖王の姫である貞喜大姫《ジョンヒデビ》が摂政を七年務め、その後に、親政に着手した。

【年表4】李朝500年・9代成宗から12代仁宗まで

1469年	9代成宗即位 成宗、正后の尹姫(燕山君の生母)を廃し、その後、賜死
1477	**応仁の乱終わり、このあと戦国時代へ**
1481	『東国輿地勝覧』50巻編纂
1494	10代燕山《イエンサングン》君即位
1498	「戊午士禍《ムオサフア》」、士林派の大弾圧起こる
1503	**足利幕府、朝鮮に通信符を求める**
1504	「甲子《カプチヤ》士禍」。燕山君、生母暗殺の嫌疑で重臣たちを大量虐殺
1506	「中宗反正《チュンジョンパンジョン》」。燕山君を降等処分、11代中宗即位
1507	燕山君、配流先で死去
1510	釜山在住の日本人が反乱(「三浦の乱」)
1519	「己卯士禍《キミヨサフア》」。領議政・趙光祖《ジョクアンジョ》が、無実の罪で配流され賜死
1530	『新増東国輿地勝覧』55巻完成
1543	**ポルトガル船、種子島に漂着。鉄砲伝来**
1544	12代仁宗即位

『李朝実録』は、成宗がきわめて英明であって、学問に励み、文武を兼ねて射芸書画に秀いでていたと記している。そして賢君であって、外交面では辺境を安全に保ち、内政のあらゆる方面において治績が顕著であったと、記録している。

『李朝実録』は通称で、正式には『朝鮮王朝実録』というが、この書物は、太祖から第二十五代の哲宗《チョルジョン》王までの四七一年にわたる歴史と治績を記録した官製の歴史書である。十七世紀後半に実録庁が設置されて、記録の編纂に当たった。

『李朝実録』によれば、成宗は籍田《ジョクジョン》を自ら耕し、思い遣《や》りがあって勧農民治に努め、人材を広く登用したとされる。籍田は、天子が祖霊に供える米をつくるために耕作する稲田である。

成宗は経史百家に精通していたことから、学問の振興に尽力し、弘文館、尊経閣、読書堂を設立して、大学や、郷学に田地を配り、書籍を贈って学問の奨励に努めた。

また、『東国輿地勝覧《トングクヨジスンナム》』、『東文選《トンムンソン》』をはじめとする重要な書籍を編纂し、『経国大典《キョンククデジョン》』を頒布するとともに、『大典続録《デジョンソツクロツク》』を編ませた。『経国大典』は国を治める基本的な法律集であって、『経済六典』をもととして発展させたものである。

成宗は排仏政策を行ない、李朝の諸般の文物制度を整備することによって、李氏朝鮮の初創期の隆盛に尽力したと称えられている。

燕山君《イエンサングン》の即位前夜に起こったこと

賢君として称賛されている成宗も、正妻であった尹姫《ユンビ》を、後宮の妾たちに対する嫉妬が激しいという理由で王后としての地位を廃し、常民の身分に落とすとともに、実家へ送り返した。

儒教は女性を半奴隷扱いにして、夫が一方的に妻を離縁することができる理由として、「七去之悪」を規定していたが（113ページ）、この女性の〝七つの大罪〟のなかに、嫉妬が含まれていた。

この王后追い落とし劇の中心になったのが、妾の厳氏《オムシ》と鄭氏《ジョンシ》だった。国王の妾は熙嬪《ヒビン》の尊称で呼ばれたが、王子を産むと淑儀《スグイ》に昇格した。厳氏と鄭氏は安陽君《アンヤングン》と鳳安君《ボンアングン》を産んで、その功績によって淑儀の地位に昇り、従二品を賜っていた。

厳氏と鄭氏の側についた重臣たちは、尹姫を廃位して、追放するだけでは満足せずに、さらに王を唆《そそのか》して、尹姫を賜死させた。尹姫は二十代で生涯を終えた。

国王や権力者が、百姓を勝手に大量に殺害しようが、財産を没収しようが、官製の歴史書である『実録』は、ただ賢君としてその功徳を称賛するばかりである。ありのままを正しく記録した学者たちは、往々にして刑死させられるか、筆禍《ピルファ》事件《サコン》として歴史の彼方に葬り去られるのが常でもあった。

成宗は、尹王后を廃したことが、後世に重大な結果を招来することになろうとは、当時はまったく念頭になかった。

廃后された尹姫は、王后として二人の男子を産んでいた。その一人が長男の燕山君《イエンサングン》であり、一四七六年に生まれた。尹姫を殺害した宮中の勢力は、燕山君にも迫害を加えて、王宮から追おうとした。しかし、燕山君はまだ物心がついていなかったので、父王も同情して手を触れさせなかった。燕山君は母の死の真相について知ることなく育った。そして一四八三年に王世子として冊封され、一四九四年、十八歳で父王の崩御と同時に、第十代国王として即位した。

士林派《サリムパ》と勲旧派《フンクパ》のすさまじい暗闘

燕山君の宮廷も、すぐに李朝五〇〇年を特徴づけた激しい党派抗争によって、大きく揺さぶられた。これは、まさに五〇〇年にわたった業病《ごうびょう》だった。

一四九八年に、「戊午士禍《ムオサファ》」が起こった。金馹孫《キムイルソン》をはじめとする〝新進《シンジン》士林《サリム》〟たちが、柳子光《ユジャクワン》を中心とした勲旧派《フンクパ》によって追放、殺戮された事件である。

勲旧派は功績を積んだ功臣たちのことであり、それに対して新たに科挙に合格して昇ってきた、新進の役人たちを士林派《サリンパ》といった。もっとも実質的には、端宗《タンジョン》王を滅して世祖《セジョ》王が即位（一四五五年）するのに手を貸した叛逆者たちが、その後、勲旧派と呼ばれるようになった。

士林派の中心人物は、その六年前に没した金宗直《キムジョンジャキ》だったが、彼は国王の信任が厚く、自分の弟子を多数登用させて、司諫院《サカンウオン》、司憲府《サホンブ》、弘文舘《ホンムンクアン》の三司の権力を掌握した。「弘文舘」は宮中の経書と史籍を管理し、国王の諮問に応じた。「司諫院」は王への諫言を扱い、「司憲府」は監察業務を司《つかさど》った部署である。その結果、士林派の勢力が、先輩閥族である勲旧派を「小人輩《ソインベ》」として軽視するまでに伸張した。

これに対して勲旧派が、士林派を「野生貴族《ヤセンキジョク》」と卑《いや》しめたために、両派の反目は誰にも止められない状況となった。士林派の金宗直と、勲旧派の柳子光は以前から互いに悪感情を持っていた。それに加えて、金宗直の弟子である金馹孫《キムイルソン》が、史官の職を利用して、『実録』の草案に、勲旧派の李克墩《イクットン》の非行を記録したために、金馹孫と李克墩との間が険悪化したことはいうまでもなかった。柳子光と李克墩は、復讐の執念に燃えた。

そして、いよいよ報復に着手した。一四九八年、李克墩は『成宗実録』の編纂が始まった時に、その堂上官《タンサンクアン》（編纂の責任者）になった。

李克墩は、金馹孫が起草文のなかに挿入した金宗直の「弔義帝文《チョイゼムン》」という文章が、世祖が端宗から王位を強奪したと誹謗《ひぼう》しているとして、燕山君に密告した。「弔義帝文」は、世祖が幼い端宗を追い出して王位を簒奪《さんだつ》した史実を、ありのままに書いたものだった。

燕山君はまだ世情に通ぜず、わけも分からなかったので、金馹孫たちを審問にかけた。そして金馹孫の一派の罪悪を認め、すべての咎《とが》は士林派の代表格であった金宗直にあったとした。

そして、その手になった文集を焼却するとともに、金宗直がすでに六年前の一四九二年に病没していたのにもかかわらず、その墓を暴いて棺を掘りだし、屍体の首を切った。そうすることを、「剖棺斬屍《プクツンチャヘシ》」という。儒教では親から享《う》けた体を死後であっても、損傷することをタブーとしたにもかかわらず、儒教を国是とする李朝では、そんなことはお構いなしだった。

さらに燕山君は、金駬孫をはじめとする士林派の主要メンバーたちを、「奸悪《かんあく》の党派を組み、先王である世祖を誣録《ぶろく》した」として、虐殺した。また、同じく士林派の十数名に対しては、密告するべきところを、そうしなかったという罪で、流刑処分にした。

李朝では、処刑の方法について、一定したものがなかった。王が生殺与奪の権限を握っており、好きなように残酷な殺し方を考えだした。

その他の士林派のメンバーも、ほとんどが島流しにされるか、罷免《ひめん》されるかした。

こうして士禍の端緒をつくった李克墩も罷免されたが、李朝を通じてもっとも奸悪だったとされる勲旧派の首領、柳子光だけが、この事件の後も勢威を増し、誰もその意に逆《さか》らうことができないような状況がもたらされた。士林派は士気を沮喪《そそう》し、没落した。

だがこの騒動は、その後いっそう激化した士禍の端緒に過ぎなかった。

『実録』に事実を記することが、修史官や、史官の義務であり、国王をはじめ王族の干渉を受けないという規定があったが、燕山君の代から国王の意思が超絶するようになると、そんな規定は、まるで顧《かえり》みられなくなった。

そしてこの士禍は、やがて燕山君をも滅ぼす結果を招いた。

母の死の真相を知った燕山君《イエンサングン》の復讐劇

燕山君は即位後、しばらくして、自分がまだ物心がつかないころ、母の尹姫が妾たちの奸計《かんけい》によって廃位されたうえに、賜薬死《しやくし》を強《し》いられたことを、はじめて知った。というのは、廃后された尹氏が賜死したことは極秘に付されて、口外する者は厳罰に処することが決められていたためである。

実母の死の真相が燕山君の知るところになったのは、次のようなわけだった。

成宗王が尹姫を廃后した時に、重臣の一人だった任士洪《イムサホン》という人物が反対して野に下ったことがあった。その後、任士洪は燕山君の即位とともに復職し、一四九八年の「戊午士禍」事件以後、宮中で勢力を拡大し、六人の王の側近によって構成された承政院《ソンジョンウオン》の最高位の都承旨《トソンジ》まで昇った。

承政院は国王に直属する行政府で、都承旨は、今日でいえば内閣官房長官に相当し、内閣の人事を左右する。

任士洪は、生存していた尹姫の老母を宮中に招いて、燕山君に引き合わせた。

燕山君は実の祖母が存在していたことに、驚いた。若い王ははじめて、実母が殺されたことを知った。そして母が重臣たちの進言によって、毒杯である賜薬を飲まされた時に、苦しんで吐血した血漿《けっしょう》が付着した上衣《チョゴリ》を見せられると、全身を震わせて憤《いきどお》った。

王は父の妾たちが臣下と結託して陰謀を企て、実母を殺したことに対する報復を誓った。そして母に毒杯を飲ませた厳氏と鄭氏と、その息子たちに復讐することを決意した。それが孝子としてとるべき道であると、信じた。

一五〇四年、燕山君はまず、父の元妾で貴人の地位にあった厳氏と鄭氏を撲殺し、その子の安陽君《アンヤングン》と鳳安君《ボンアングン》を伊川に配流したうえで、賜死させた。

同年三月には実母の尹氏の墓を新たに築き、「斉献王后《ゼホンワンフ》」の称号を贈った。さらに四月には、成宗時の重臣だった、鄭真謹《ジョンソンユン》、趙之瑞《ジョジソ》をにわかに処刑したうえで、「梟首《ヒョス》」――晒《さら》し首にするかたわら、李克均、尹弼商《ユンビルサン》を賜死させた。同年五月には咸俊《ソンジュン》を絞首して殺した。同年六月に、朴誾《パクオン》、洪貴達《ホンキタル》を殺害し、十月に金宏弼《キムクワレビル》を晒し首にした。こうして父王時代の重臣たちを皆殺しにした。

この事件は甲子の年に起きたことから「甲子士禍《カプチャサファ》」として記録されている。

なぜ「王」ではなく「君」なのか?

燕山君は、まるで憑《つ》かれたように狂暴に振る舞うようになった。

歴史が燕山王を、稀代の暴君として描いているのは正しい。

後に燕山王は王座から追われ、燕山君に降等(格下げ)された。そのために後世の史書では、「燕山君」として記録している。李朝の二七人の国王のなかで、燕山王と十五代の光海王の二人だけが、王としてまったくふさわしくなかったという意味で、「君」と呼ばれている。

燕山君の治世の前半は、父王を囲んだ重臣たちが健在だったから、多くの治績を残した。しかし「甲子士禍」によって、これらの重臣が一掃された後は、酒池肉林に溺《おぼ》れて、政治を顧みることがなくなった。

燕山君は王宮内の学問所を廃して、成均館の学生たちを追いはらい、遊宴の場所に変えた。今日のソウルのパゴダ公園にあった場所に殿舎を造って、妓女たちの宿舎にあてた。

李朝では権力が国王に一極集中していたために、朝臣《あそん》たちが国王を恐れ、諫言《かんげん》する者は一人もいなかった。燕山君の暴虐な振る舞いは、日を追って増していった。

燕山君は狩りに熱中した。そのあげくに、ソウル周辺三〇里以内の民家を強制的に立ち退《の》かせて、農地を廃止し、狩猟場に変えた。

そして全国から美女を強制的に集めた。その数は一〇〇〇名を超えた。そのなかで容姿がとくに美しい女と、歌や踊りなど技芸に優れた者三〇〇人を選んで、「興清《フンチヨン》」と呼んで、王宮内に住まわせた。

しかし、いくら李朝であっても、このような暴政が長続きする道理はない。官職を奪われ下野《げや》した人々と、王宮内で機会を窺《うかが》っていた人々が気脈を通わせ合い、一五〇六年九月、王の異母弟である晋城大君《ジンソンデグン》を擁立して、決起した。

王が起居していた昌徳宮を包囲して押し入り、燕山王を生け捕りにして、江華島の北にある小さな喬洞島《キョドント》に幽閉した。そして王を燕山君に、降等処分した。李朝では王の嫡男は、皇太子である王世子を除いて、みな「大君《デグン》」の称号が贈られ、妾腹の男子は「君」と呼ばれたから、この処置は、王を最大限に賤《いやし》めるものだった。

燕山君はその翌年十一月に、喬洞島で三十歳で病死した。

棺を暴《あば》いて、死体の首を切る剖棺斬屍は、燕山君時代にしばしば行なわれたが、燕山君自身も、死後、墓が暴かれて、遺体に同じ凌辱《りょうじょく》が加えられた。

歴史を直視せず歪曲《わいきょく》する韓国の国定歴史教科書

燕山君に代わって、異母弟の晋城《ジンソン》が中宗《チュンジョン》王として王位を継いだ。

この、臣下たちが結集して暴君を追放し、新王を推戴《すいたい》した事件を「中宗反正《チュンジョンバンジョン》」というが、一種の武力革命であった。

権勢を振るった任士洪《イムサホン》は、父の任元濬《イムウオンジュン》とともに、処刑された。

李朝を通じて、政争に敗れた反対派は処刑されるのが、通例となっていた。こうした場合には、一族もともに処刑され、女は奴婢《ノビ》に落とされた。

燕山君の生母の尹姫の「陵」は「墓」へ格下げされた。

李朝においても、王権は『経国大典』か、それ以前の『経済六典』に基づいており、形の上では法治国家の体制をとっていた。『経済六典』は太祖の李成桂の命によって、鄭道伝《ジョントジョン》が革命の二年後に作製したものであり、『経国大典』は世祖王のもとで一四六〇年に戸籍法に当たる戸典が、その翌年に刑典が編まれ、一四六九年に残りの四典が完成した。今日でいえば六法全書に相当するものである。しかし、世襲による専制体制が法の上に君臨したために、実際には歯止めがきかない無法な体制となっていた。

ＫＳＢ（日本のＮＨＫに当たるテレビ局）が四年前、李成桂が高麗朝を滅ぼして、李氏王朝を開いた歴史を連続ドラマ化した『龍の涙《ヨンエヌンムル》』を二年にわたって放映した。太祖が新しい王朝を創建するのに成功すると同時に、二度も王子の乱を招いた惨劇を取り上げたドラマである。

その後、燕山君と戊午士禍をテーマにしたドラマの『王と姫《ワンファビ》』が、一年にわたって放映されて、同じように人気を呼んだ。

といっても、視聴者の大方の反応は、自国の歴史を反省するということではなく、この歴史劇の登場人物を、敵か味方か、白か黒かに分けて楽しむというものだった。忌《い》まわしい歴史から、教訓を得ようなどとは、夢にも思わないようだった。

今日でも、韓国民は理を糺《ただ》すよりも、事態や物事を敵か味方か、白か黒かに割り切って考える悪しき気質から脱け出すことができない。国会において野党議員が国政調査権を用いて、検察総長を審問すると、与党議員が直ちに反撃するといったように、相手の主張を十分に聞いて解明しようという態度が、まったくない。事の次第を順序立てて組み立ててゆこうとせずに、敵か味方かということだけで対立する。いまだに、李朝時代の党派抗争の悪弊が続いている。

『李朝実録』は李朝の歴史が惨憺《さんたん》たるものであったにもかかわらず、美辞麗句で飾られている。今日の韓国の学校の国定教科書は、李成桂の謀反《むほん》や、王子の乱や、その後に数多く繰り返された士禍《サフア》については、ほとんどと言ってよいほど触れられていない。歴史を直視することなく、化粧が施されているのだ。これは歴史の歪曲である。李朝を通じて歴史を歪めることが、習性となってしまった。

北朝鮮の歴史は、金日成主席が一九三〇年代に満州で抗日ゲリラを率いて戦った伝説的な将軍であったということから、現在の金正日総書記が抗日ゲリラの密営で生まれたということにしているが、これなども、完全に捏造《ねつぞう》である。北朝鮮の歴史は、何と美辞麗句に満ちていることだろうか。

大学者にして賢臣、趙光祖《ジヨクワンジヨ》の悲劇

燕山王が追われ、中宗王が即位すると、燕山君下の悪政を立て直すために、門閥権勢《ムンボルクオンセ》家《カ》たちを一掃することに努めた。だが、またもや李朝の疫病となった党派抗争の忌まわしい呪いから、逃れることができなかった。

首相に当たる領議政となった趙光祖《ジヨクワンジヨ》は賢臣であった。そこで門閥権勢家を排斥して、優れた人材を登用した。そのために、朝廷から奸臣たちの姿が減っていった。

この結果として、「中宗反正」の功労者である靖国功臣《ジヨンクククコンシン》たちがみだりに多く登用されていたが、ふさわしくない者は勲録から削除され、沈貞《シヨムジヨン》、洪景舟《ホンキヨンジユ》をはじめとする中宗反正の功臣の四分の三に当たる七六人が、功臣勲籍から削られた。

李朝では父祖に功績があったものは、勲録によって高い地位につくことができ、彼らは門閥権勢家として知られたが、勲録から削除されると、当然のことながら、その特権を失うこととなった。

すると、特権階級から追われた者たちは、賢臣の趙光祖へ怨恨を向け、謀略をめぐらした。

中宗の後宮《こうきゅう》で、洪景舟《ホンキヨンジュ》の娘が熙嬪《ヒビン》（国王の妾）として、王と懇《ねんご》ろな間柄にあった。そこで洪景舟は娘を唆《そそのか》して、「百姓たちの人気がすべて趙光祖に移り、王の声望が地に墜ちた」と言いふらすよう命じた。

その一方で、沈貞《シヨムジヨン》が中宗のもう一人の妾である敬嬪《キヨンビン》の朴氏《パクシ》に言いふくめて、「趙光祖たちが国政を壟断《ろうだん》しているが、百姓たちがこれを歓迎している」と触れまわらせた。

朴氏は王宮の庭の樹の数枚の大きい葉に蜂蜜を垂らして、葉に「走肖為王《チユチヨイワン》」の四文字を書き入れ、虫が蜜がついた部分だけを食べた後に、中宗に見せた。「走肖為王」は、「ひたすら国王になりたい」という意味である。王はこれらの葉を見て、戦《おのの》いた。

「中宗反正」の功臣である洪景舟たちは、中宗に書面をもって上疏《じようそ》し、「朝廷に重大事件が起こることを予見していますが、拝謁《はいえつ》したくても、趙光祖の部下が拒否するので、そうできません。ゆえに夜中に神武門をお開き下さり、拝謁したい」と願い出た。神武門は今日のソウルで、観光の名所となっている景福宮の北側にあった。

一五一九年十月十五日の夜に、洪景舟など十数人が参内《さんだい》し、中宗に「趙光祖一派が党派を組んで、功臣である旧臣を追い出して、国家を乗っ取ろうとしているから、その罪を明らかにしてほしい」と奏請《そうせい》した。中宗は領議政であった趙光祖をはじめとする全閣僚と、次官級の新士林派の面々を調べもせずに逮捕して、配流した。

これを「己卯士禍《キミョサファ》」という。犠牲者たちは無実の罪を着せられ、流罪後に賜死された。李朝ではこのように、愛国者である忠臣が頻繁に迫害され、殺された。趙光祖は、後に朱子学の大学者として知られた李栗谷《イユルコク》（一五三六―一五八四年）が趙光祖、金宏弼《キムクアンピル》、鄭汝《ジョンヨ》昌《チャン》、李彦迪《イオンチョク》の四人を指して、「東方四賢《トンパンサヒョ》」として崇拝したほどの賢臣だったが、彼もまた例外ではありえなかったのである。

中宗は異母兄による士禍の悪弊を正すために、「中宗反正」によって、王位に昇ったのにもかかわらず、賢臣たちを理由もなく殺した。

だが、それから二五年後に中宗が死去して、十二代の仁宗《インジョン》が即位すると、これらの

「己卯士禍」の犠牲者たちがまったく無実だったり、冤罪《えんざい》を着せられたことが判明した。趙光祖は名誉を回復され、領議政を追贈されて、孔子廟《コンジャミョ》に祀られた。

趙光祖はこの後、李王朝が続く限り、朝鮮史においてもっとも優れた朱子学者として称賛された。しかし、上に暗愚の王がいてすべての権力を握り、賢臣たちが裁かれることもなく殺されるということが、その後も繰り返された。疑心暗鬼は果てしなく、民族の原型を蝕《むしば》む時代が続いた。

「正義」を振りかざすところに大量殺戮あり

両班たちの党派の争いは、討論が合意点を探るためではなく、相手を陥《おとし》いれることを狙ったものだったから、かならず政争に発展した。国王が両派の主張を、慎重に比較して決めることもないまま、一方の党派の意見を支持したいと言えば勝負が決まり、反対党派に属する人たちが禍獄《ファオク》に見舞われて、流刑されたうえ、賜死処分となった。そして党派の全員と、その家族までが、生命を捧げなければならなかった。

今日の朝鮮半島の北と南を見れば、南北で程度の差があるにしても、両方で李朝との相似点を見出すことができる。韓国では、歴代の大統領の力が大きすぎる。しかし、この半島を唯一思想の専制王に委《ゆだ》ねる限り、韓民族の将来は民主主義に行き着くことができず、五里霧中で出口のない迷路のなかを漂うほかあるまい。

李朝は今日の中国と同じように法治社会ではなく、権力者が恣意的に国を治める人治社会であった。人治社会の度合いが大きいほど、党派抗争がさかんになる。自分の身を法に委《ゆだ》ねられないとなると、党派に依《よ》らざるをえないからだ。

中宗が一五四四年に没すると、その長男の仁宗《インジョン》が第十二代の国王として即位したが、僅《わず》か八カ月在位しただけで、三十歳で死んだ。

その後も、醜い凄惨な士禍《サファ》が際限なく続いた。士禍は李朝五〇〇年の不治の病となった。これは李朝の争いが、正義を唱えることによって行なわれたからである。正義を絶対的な尺度にして振り回すと、力を持った者が正義を僭称《せんしょう》することになる。

李氏朝鮮と徳川の日本の違いは、日本では正義を振りかざすことがなかった。李朝では儒教が正義を説くものだったから、危険きわまりなかった。正義は手段を正当化させる。フランス革命であれ、ロシア革命であれ、カンボジアのポル・ポト革命であれ、正義の刃を振り回すから歯止めがなくなって、大量の血の海をつくりだした。徳川幕府は儒教を朝鮮半島から学んで、体制の教義として用いたが、儒教よりも先に和の精神が豊かにあったから、毒が中和された。

本来、士は学問と人格が優れた人を意味するから、「士禍」は矛盾した撞着語《どうちやくご》である。日本語のなかに士禍という言葉が存在しないのは、日本が儒教に脇役しか演じさせなかったことを示している。

李氏朝鮮が儒教による統治と併せて、中国の残酷な政治文化を模倣したことが、悲劇の半島をつくりだした。民は官によって、ただ搾取《さくしゆ》するだけの対象とされた。

漢字辞典で「民」という言葉をひくと、解字として、「奴隷の目を針でさして、盲にした形」であり、「草木の芽がたくさん出ている形」と説明されている。

中国では今日でも民は地位が低く、国は為政者のためにのみ存在している。「民草」は草木に似て、刈り取っても、また生えてくる対象と見做されてきた。

【十六世紀後半から十七世紀はじめまで】

七章　なぜ、秀吉の侵攻を許したのか？

――李朝が、事前の警告を無視しつづけた本当の理由

政権が代わると、政策まで真反対

李朝は専制王が全権を一手に収め、隣りの堕落しきった大国である明《みん》と、後には清《しん》から冊封《さくほう》を受けて、時の権力を握った両班が、百姓を中心とした人民を苛斂誅求《かれんちゅうきゅう》することに没頭した五一八年であった。

首相に当たる領議政と閣僚たちは、民衆の生活を向上させたり、殖産を振興することには関心がまったくなかった。つまらない王の側女の選抜とか、王子を籠絡したり、干渉したり、対立する党派の人士を誹謗《ひぼう》するなどといった党派争いに熱中するばかりで、国益を大きく損ねることになんの苛責《かしゃく》も感じなかった。為政者としての任務が何であるのか、はじめから理解しようとしなかった。

韓民族は、李成桂が李朝を開いた一三九二年以降、一九一〇年まで五一八年間に及んだ暗黒時代を通じて、両班が党派を組んで空理空論を戦わせ、血で血をもって争うのが、政治だと錯覚するようになった。党派は時間とともに勲旧派と士林派に、そして士林派がさらに東人と西人に、さらには南人と北人に分かれ、北人もまた分裂した。韓民族は五一八年――というと一八万九〇七〇日にわたって、このようなおぞましい毒気のなかに、すっかり漬け込まれてしまった。

李朝は二十七代にわたって、父子か、あるいは兄弟が王位を受け継いだのにもかかわらず、新しい王は前任者の政策を踏襲することをせずに、決まってその反対の政策を採用した。

これは儒教の教えに合わないものだったが、不動の伝統になってしまった。

とにかく、七代までの王をとっても、太祖の李成桂が祖国である高麗に反逆して高麗朝を滅ぼし、自ら王朝を創建した後に、五番目の息子の芳遠《バンウォン》が、王世子（皇太子）と三人の兄弟を殺害して、三代目の太宗王に即位した。四代世宗王の二男である首陽大君《スヤンデグン》は、幼い甥の六代端宗《タンジョン》の後見人でありながら、端宗王を殺して王位を簒奪し、七代世祖となった。

その後も、血みどろの骨肉の争いが絶えず、そのつど、政策の継続性が断ち切られた。

日本の徳川時代二六五年と、何と大きく違っていたことだろうか。徳川の歴代将軍と幕閣は法を重んじて、よく遵守したから、このあいだ継続性が保たれた。このために、日本は徳川期を通じて、世界でも珍しい平和を享受し、当時の世界において高い経済成長率を維持した。
李氏朝鮮と徳川の日本を較べると、文字どおり別世界であった。そのために十九世紀後半に両国が近代世界に参入することを強いられた時に、日本が物心ともに驚くべき強靱《きようじん》な力を備えていたのに対して、朝鮮半島はそのような活力をまったく持ちあわせていなかった。

なぜ、韓国には公共精神が育たなかったのか？

李氏朝鮮は、安定した社会をつくるために必要な継続性がなかった。政治とは党派を組んで、相手を蹴落とすことでしかなかった。そこでいつ、どのように力関係が変わって、どんな憂き目に遭《あ》うか分からなかったから、人々は自分だけが栄えればよいと思うようになった。このような環境のもとでは、公共精神が育ちようがなかった。

法が軽んじられ、勝つことが正義となった。このような仕組みのなかで、勝った者が法などに顧慮せずに権力を振るったことから、人々が不正蓄財や、賄賂《わいろ》のやり取りに長《た》けるようになった。李氏朝鮮は五〇〇年を通じて、腐敗社会の種を全国にわたって撒《ま》く一方、

【年表５】李朝500年・13代明宗から15代光海君まで

1545年	13代明宗即位
1545	「乙巳《オルサ》士禍《サフア》」、小尹派による大尹派の大弾圧起こる
1549	**ザビエル来日し、キリスト教が伝来**
1567	14代宣祖即位。儒学者の李退渓《イテゲ》、李栗谷《イユルコク》らを登用
1575	廷臣、東西に対立し、党争激化
1582	**本能寺の変で信長死去、秀吉の天下へ**
1590	李朝の使者、大坂城で秀吉と謁見。朝鮮侵攻説の真偽を探る
1592	秀吉による第一次朝鮮侵攻（壬辰倭乱《イムジンウエラン》＝文禄の役） 李舜臣《イスンシン》、亀甲船を用いて日本海軍に連勝、水軍統制使に
1597	李舜臣、中傷により無実の罪で捕えられる
1597	秀吉による第二次朝鮮侵攻（丁酉《ジョンユ》再乱《ゼラン》＝慶長の役）
1597	姜沆《カンハン》、日本に連行される（のち『看羊録』執筆）
1598	李舜臣戦死。秀吉の死去により日本軍撤退
1603	**徳川幕府成立**
1607	日本と国交回復、最初の朝鮮通信使が日本へ
1607	国民文学『洪吉童伝』（許筠《ホキユン》作）成る
1608	15代光海君《クアンヘグン》即位
1615	**豊臣氏滅亡**
1616	中国で女真族のヌルハチが後金を建国
1618	許筠、誣告により斬殺刑に処される
1619	明の救援のため遼東に出兵し、後金軍に敗退
1620	後金の最初の侵略を受ける
1623	「仁祖反正《インジョパンジョン》」、西人派により光海君追放。16代仁祖即位
1641	光海君、配流先で死去

党派抗争の犠牲や、搾取と収奪の対象にしかされなかった民衆の血を肥しとして、歪みきった社会を作り上げたのだった。

そこで今日の韓国も、自由経済制度に立脚しているといっても、資本主義が公正《フエア》な競争に基づいていることから目をそむけて、権力者と経済人の政経癒着《チヨンキヨンユチヤク》によって動いてきた。腐敗は生きるための知恵として、社会の隅々まで浸透するようになっている。そのために、韓国のマスコミまでが、自国のことを「腐敗共和国《プベコンファグク》」だと呼んで、自嘲しているのである。

他の先進諸国では、親が子供たちに「よい子になりなさい」とか、「よい市民になりなさい」と言い聞かせるというのに、韓国の子供たちは、幼い時から「負けるな。出世しろ」と言われて育つ。これでは利己的で、反社会的な人間として成長せざるをえない。

おとなの世界では、「賄賂の取りかたに百態《ペクテ》ある」とか、金のある者だけがさらに財をなすことができるという意味の「富益富《プクイプク》」とか、金があれば有罪にならないという「有《ユウ》銭無罪《ジヨンムチエ》」、その反対の「無銭有罪《ムジヨンユウチエ》」などといった言葉が、民衆の日常の会話のなかに溢《あふ》れているのだ。

今日でも、大統領は名を残したい意欲だけが旺盛であって、前任者の政策を踏襲したり、前任者の業績を重んじようとしない。前任者を無視するか、蔑視する。歴代大統領のほとんどの者が、就任したら唯一天上人《ユイルチヨンサンイン》思想《ササン》を持って国法を軽視するか、法にはずれたことをする。いまだに人治社会を構成しているのである。これは李朝の歴代の王たちを、髣髴《ほうふつ》させるものだ。まさに李朝五〇〇年の残滓《ざんし》というべきである。

北朝鮮では「朝鮮総督府」と「日帝三六年《イルチエサムシムユニヨン》」が、絶対に許しがたい悪玉となっているが、客観的に見れば朝鮮総督府が行なった政策には、今日の北朝鮮がその真似すらできない、評価すべき部分も多くあった。

産業、殖産、教育の分野で積極的な施策が敷かれた。私有財産制度が確立され、官僚は清廉で、賄賂と無縁であった。なにより法治社会であったし、国内はもちろん海外へも自由に往来できた。そして大量処刑や、公開処刑もなければ、大量の人々が餓死するということも見られなかった。

日帝時代が朝鮮半島の近代化をもたらすのに当たって、それなりに貢献した事実から目をふさいだまま、北朝鮮がこの過去五年だけをとっても数百万人の人民を餓死させながら、唯一思想《ユイルササン》を称《とな》えて、まったく顧《かえり》みることがない現状に、朝鮮半島における論理逆転の伝統が、いまだに厳存しているという事実が示されている。

世界が二十一世紀に入ったというのに、李氏朝鮮が「民主主義人民共和国」という衣をまとって存続していることに、長嘆息しないわけにはいかない。

繰り返される党派争い

一五四四年に十一代の中宗《チュンジョン》王が没して、仁宗《インジョン》王が即位すると、仁宗王の母である章敬《ジャンキョン》王后の弟の尹任《ユンイム》が勢力を得た。尹任が多くの士林派を登用したために、士林派がにわかに隆盛した。士林と反目していた官僚層は、反撃の機会をうかがっていた。

ところが、前章で述べたとおり、仁宗王は在位わずか八カ月で没した。

十三代の明宗《ミョンジョン》王は十一代の中宗王の次男で、十二代の仁宗王の弟に当たった。一五四五年、明宗は、兄の死去を受けて即位した。まだ十二歳だったので、母后である文定《ムンジョン》王后が政治を行ない、実権は文定王后と叔父である尹元衡《ユンウォンヒョン》が握った。そして「戚族専横《チョクチョクジョンヒュン》」の時代がはじまった。

仁宗王のもとで勢威を振るった尹任は、尹元衡《ユンウォンヒョン》と対決することを強いられた。尹任の一派は大尹派《テユンパ》と呼ばれ、尹元衡は小尹派《ソユンパ》を形成した。小尹派は大尹派を政権から除去することを計った。大尹派と小尹派の党争が熾烈《しれつ》化し、まさに宮廷内で狂気の沙汰が繰り広げられることになった。

党争に、火が点《つ》く瞬間が訪れた。礼曹参議《イェジョチャムイ》となった尹元衡は、「乙巳士禍《オルササファ》」と呼ばれる士禍を引き起こし、大尹派の大弾圧に着手した。

大尹派は「秋風落葉」――風前の燈火の運命に陥り、大方は配流されたうえで、一〇〇人あまりが惨殺された。

この「乙巳士禍」によって李朝の弊政に、母系による戚族政権が加わり、党派争いにいっそう激しさが増した。競争相手を葬ることは気持ちがよいかもしれないが、次の段階を考えないのが、朝鮮であった。

尹元衡は大尹派を除去したが、その後、文定王后が死去すると、小尹派も明宗王によって追放される破目にあった。その明宗王もまた、三十四歳で世を去った。

李《イ》退溪《テゲ》、李《イ》栗谷《ユルコク》でも不正追放に失敗

明宗《ミヨンジヨン》が一五六七年に死去すると、後継ぎの息子がなかったために、王族のなかから鈞《キユン》が選ばれて、十四代の宣祖《ソンジヨ》王として即位した。

宣祖王のもとで、性理学・朱子学の大家で号を「退溪《テゲ》」と称した李滉《イフアン》、「栗谷《ユルコク》」として知られる李珥《イイ》、さらに白仁傑《ペクインコル》のような優れた学者が登用され、多くの典籍が編まれた。こうして儒学が奨励されたが、一方で党争はとどまるところを知らず、東人と西人の対立が日を追って激しくなった。李《イ》退溪《テゲ》と並ぶ朱子学の大学者として知られる李《イ》栗谷《ユルコク》も、その党派争いの調停に失敗した。

李栗谷は一五八三年に兵曹判書（国防大臣）であった時に、不正腐敗の是正、百姓の救済、一〇万養兵説を唱えるかたわら、経済開発のために、新たに経済司を設置することを提案した。また、李栗谷は宮廷を囲む士林と官僚だけに限られていた言論の自由を、ソウルから遠く離れた村の隅々まで、国民全員に及ぼそうとした。こうして民衆の政治参与の範囲を広めることの重要性を強調した。これは当時としては革新的な思想であり、提言だった。だが彼はそのために、かえって弾劾《だんがい》され、辞職を強いられた。

正使と副使は、なぜ正反対の奏答をしたのか？

宣祖王《ソンジョ》のもとで、朝鮮半島に大きな危機が刻々と迫りつつあった。壬辰倭乱《イムジンウエラン》、日本でいう「文禄《ぶんろく》の役」である。

壬辰倭乱は晩年の秀吉が、明《みん》を征服しようという誇大妄想的な夢を描いたことから起こったが、韓国では秀吉が諸大名に与える領地の不足分を補うために朝鮮を侵略したのだと、信じられている。

それはともかく秀吉の明征服は、一五八〇年代から企《くわだ》てられていた。その情報は、朝鮮にも伝えられていた。李栗谷はこの情報をもとにして壬辰倭乱からさかのぼること九年前の一五八三年に、日本に対する警戒心を強め、防衛策として「一〇万養兵説」を主張した。

だが党派争いに明け暮れする宮廷では、目前の危機に目を閉ざしたままで、国王も情報の信憑《しんぴょう》性を究明することなく、党派の主張に従うこと以外に考えていなかった。

一五九〇年三月になると、宣祖王は日本から伝えられる情報に、さすがに不安を抱いて、使節を派遣して情報を確認することにした。使節は正使に黄允吉《ファンユンキル》、副使に金誠一《キムソンイル》が任じられた。使節団は日本に八カ月にわたって滞留した。

この間、黄允吉と金誠一は大坂城を訪問し、秀吉とその弟の秀長《ひでなが》をはじめとする要路《ようろ》（重要な地位）の人士を訪ねた。このなかで使節は、秀吉が朝鮮に「仮道入明《かどうにゆうみん》」――明へ侵攻するにあたり、朝鮮の道を借りるという考えを持っていることを、聞かされた。

一行は、十一月に帰朝した。そして正使の黄允吉は「兵禍の怖れがある。秀吉は恐るべき人物だ。かならず攻めてくるはずだ」と報告した。ところが一方、副使の金誠一は「そのような心配は、まったくない」と強調した。

実は、二人が具申した意見が異なっていた理由は、正使が西人であり、副使が東人であって、二人が違う党派に属していたからというにすぎなかった。副使は東人だったから、西人に属した正使の主張と反対のことを述べただけだった。二人の意見はとうてい「判断」といえるものではなく、日本の実情と関係がなかった。とにかく党派が違えば、同じ意見を述べることはありえなかった。

当時の李朝は、東人政権のもとにあった。したがって政府は「秀吉の来攻はない」との判断を下した。日本が「仮道入明」を要求してくるという情報を手にしながら、それが西人の報告であるというだけの理由で黙殺した。

一五九一年六月に、対馬《つしま》藩主の宗義智《そうよしとも》がソウルにやってきて、はじめて「仮道入明」を公式に請《こ》うた。これを機に、朝廷にも一時だけ緊張が走ったが、それでも王は与党の東人たちの意見に従った。万一、西人側の判断が正しい場合に備えて対策を講じるようなことは、思いもよらなかった。

軍隊をまるで持っていなかった李朝の不思議

一五九二年四月十二日に、小西行長《こにしゆきなが》、宗義智が率いる日本軍の一番隊が、釜山浦《プサンポ》に上陸した。信頼すべき情報があったのに、完全な不意討ちとなった。日本軍は一五万人以上の兵を、続々と上陸させた。

日本の上陸軍は「仮道入明」を求めた。だが、李朝は明を宗主国として仰いで慕っていたから、もとからこのような要請を受け入れるはずがなかった。李氏朝鮮は、何といっても明の属領だったのだ。

釜山城主の鄭撥《ジョンバル》は当然のことに、日本軍のこの要求を拒否した。戦闘が始まった。

日本軍は快速をもって進撃し、釜山浦に上陸した二〇日後に、ソウルを占領した。そして小西行長が率いる軍が平壌まで達し、加藤清正《かとうきよまさ》の部隊が江原道、咸鏡道まで侵入した。日本軍は戦国時代によって鍛えられていたうえに、大量の新式銃を装備していた。日本軍は当時の世界のなかでヨーロッパも含めて、もっとも多くの銃を備えていた。

それに対して朝鮮は、正規軍を持っていなかった。つまり、まったく無防備状態にあった。というのは、李朝の太祖である李成桂が、高麗国の正規軍の司令官であった地位を悪用して、祖国を滅亡させたことから、その後は逆にクーデターを恐れて、正規軍を廃止してしまっていたからである。

李朝の朝廷は、今日の日本と同じように、軍人に対する強いアレルギーに支配されていたのだった。国を防衛するよりも、自国軍の存在を警戒したのだ。そのために、李朝は惨《さん》憺《たん》たる目にあった。

そこで日本軍を迎え撃つといっても、軍事についてまったくの素人でしかない文官の両班が、訓練を欠いた下級の兵士の群を指揮せざるをえなかった。朝鮮軍は軍としての体裁をなしていなかったから、日本軍の前には烏《う》合《ごう》の衆《しゅう》でしかなかった。有効な抵抗など、できるはずもなかった。そのうえ、日本軍の動きについての情報の判定も、相変わらず党派の主張によって左右された。

日本軍がソウルに迫ったので、宣祖王の一行は四月二十九日の早朝、驟雨《しゅうう》のなか、王宮を後にして、ソウルを脱出した。これは建国から二〇〇年目にしてはじめての出来事だったが、王宮が空《から》っぽになったために、民衆が王宮のなかになだれ込んだ。民衆は奴婢を管理する役所である掌隷院《ジャンイエウォン》や、警察と裁判所に当たる刑曹《ヒョンジョ》をはじめとする役所にも放火し、財宝をほしいままに掠奪《りゃくだつ》した。

王の一行が落ちて行った開城《ケソン》では、王を迎えるべき役人も、すでに逃亡していた。民衆から失政をなじられ、石つぶてが飛んでくるありさまだったからだ。

民衆は、王や権力者が責任観念もなく逃げ出し、無力になったのを知って、日頃抑えに抑えてきた敵愾心《てきがいしん》を、当然のことに燃えあがらせた。

宣祖王は日本軍に追われて、遠く義州《ウイジュ》まで落ち延びねばならなかった。そのあいだに朝鮮軍は潰走《かいそう》を続けた。しかし、王も、王座を取り巻いていた権力者たちも、国土が廃墟と化しても、反省することがなかった。そして、すべきことといえば、宗主国である明に、急いで救援を請願するだけだった。明に防衛をすべて委ねていて、他力本願の属国根性しか持っていなかったからである。

救国の英雄・李舜臣《イスンシン》は、なぜ左遷されたか？

この動乱で最大の勲功をたてたのは、海軍総司令官に相当する水軍統制使《スグントンゼサ》、李舜臣《イスンシン》であった。李舜臣は豊臣軍の最大の脅威となった「亀甲船《きっこうせん》」を考案し、実戦に用いた。亀甲船は、甲羅をまとった亀に似ていることから、そう呼ばれたが、世界史上で最初の装甲軍艦である。

亀甲船は威力を発揮した。李舜臣は日本軍が上陸してから三カ月後に、日本水軍を撃破して、制海権を手中に収めた。日本軍は本国からの補給路を断たれたために、進撃の速度が落ちた。

やがて明から一五万人を超える救援軍が到着した。明軍と朝鮮軍は、翌年三月には平壌を奪還し、ソウルを回復した。日本軍は四月が終わるまでに、慶尚道の沿岸地域まで退却し、築城して籠《こも》り、戦況は膠着《こうちゃく》状態に陥った。

李舜臣の海上での勝利が、戦局の転機となったことは、明らかだった。もし李舜臣が日本水軍を撃破することがなかったら、日本軍は本国からの豊富な補給を受けて、明軍も圧倒したかもしれなかった。当時の日本軍は、アジアで、もっとも多くの銃を装備していたが、補給を断たれたことによって、勢いをそがれた。

しかし、救国の英雄であったはずの李舜臣は、その功績を嫉妬した元均《ウオンキユン》一族の謀略によって、罪人に仕立て上げられ、牛車に乗せられてソウルまで押送《おうそう》された。そして裁判もなく、拷問を加えられたうえで、死刑の宣告を受けた。

それでも、判中枢府事であった鄭琢《ジヨンタク》が李舜臣を処刑することに強く反対したために、死刑は免れたが、あらたに水軍統制使となった元均の指揮下に入れられて、一兵卒として白衣従軍（66ページ）した。

今日、韓国では李舜臣と亀甲船を、民族の大きな誇りとしている。たしかに亀甲船は、韓民族の才気と創造力を示している。だから、大いに誇るべきものである。しかし、ただ誇るだけであってはなるまい。李氏朝鮮が、秀吉に全国を蹂躙《じゆうりん》するのを許したことに対する、真摯な反省が行なわれなければならない。

その後、朝日間《ちょうにち》で休戦交渉が行なわれたが、交渉はまとまらなかった。日本軍は一五九七年に慶尚道と全羅道に再び侵入した。丁酉再乱《ジョンユゼラン》――日本でいう「慶長《けいちょう》の役《えき》」である。

この時に、元均は日本水軍と対戦して大敗した。朝鮮水軍は全滅し、元均も混乱のなかで戦死した。

李王朝は狼狽《ろうばい》のあげく、李舜臣を再び水軍統制使に任命した。李舜臣は母親の喪の報せに接したが、喪に服すことを許されず、残ったわずか一二隻の艦船を率いて日本水軍に立ち向かい、十一月十八日の海戦で勝利を得たが、戦死した。

李舜臣は、アジアの歴史の進路を変えた人物であった。もし、李舜臣が日本水軍を破ることがなかったとしたら、その後の歴史がいったいどのように変わっただろうか。日本軍は朝鮮全土を制圧したに違いない。それから明へ攻め込んだだろうか。そのような思いに耽《ふけ》ると、興味が尽きない。

丁酉再乱での日本軍は、前回と違って明軍が駐留していたうえに、朝鮮軍も戦備を整えていたために、苦戦を強いられた。翌年、日本軍は本国で秀吉が死んだために撤収して、七年にわたった倭乱がようやく終わった。

倭乱後の民衆の窮乏、宮廷内の痴態

宣祖王《ソンジョ》は、その一〇年後の一六〇八年に没した。

第十五代の王となった光海君《クアンヘグン》は、宣祖の第二子である。後宮の恭嬪《コンビン》である金氏《キムシ》の子であった。光海君は暴君であった。前章でも触れたとおり、歴代の王のなかで「王」と呼ばれず「君」で呼ばれているのは、燕山君と光海君の二人だけである。

本来であれば同母兄である臨海君《イムヘグン》が世子になるべきだったが、性格が粗暴であったために、かわって光海君が世子に冊封されたのだった。

光海王（生前は王と呼ばれていた）は即位すると、党派抗争による弊害をなくそうと試みた。

というのは、宣祖王のもとでは、秀吉軍によって国土が荒らされたのにもかかわらず、倭乱が終わってから党派抗争はいっそう激化し、東人が南人と北人に分裂し、さらに北人が、大北、小北派に分かれて争っていたからである。

しかし、光海王は党派抗争を解消することに、失敗した。党派抗争の業病は、李朝をあまりにも深く蝕《むしば》んでいた。党派を用いずには、何事もなしえなかった。光海王はかえって大北派の兇計に乗せられて、同母兄の臨海君と、光海君にとって義母后に当たる仁穆大姫《インモクデビ》の子で、つまり異母弟に当たる永昌大君《ヨンチャンデグン》が逆謀を企てたとして、殺した。さらに仁穆大姫を西宮に幽閉した。さらに母后の父とその三人の子、つまり、義母兄弟も処刑した。これは、まさに狂気の沙汰だった。

光海君はこのように親兄弟に対して「悖倫行為《ベリユンヘンイ》」――人倫に悖《もと》る行為を働いたということから、後に廃位を強いられ、「君」に降格された。

もちろん、光海君が即位した時は、七年にわたって続いた倭乱も終わっていた。一六〇〇年に日本軍と明軍がすべて撤退したために、平和が久し振りに蘇っていた。この数年は、国土の再建と、なぜかくも脆《もろ》くも日本軍の蹂躙《じゅうりん》を許したかについての反省に充てられるべき時期であった。

首都をはじめとして全国が戦場と化したために、日本と明の軍が駐屯したか通過した国土は、破壊されつくしていた。孤児と未亡人たちが、壊れた家や荒れ果てた田畑のなかでなす術《すべ》もなく、呆然自失していた。

倭乱中に男性は老若を問わず徴兵され、農耕地は荒れ果て、食物が欠乏したから、飢民が巷《ちまた》に溢れた。そこへ悪疫が蔓延《まんえん》したために、路傍に死体が転がり、当時の記録によると、ソウルではところどころに積まれた屍体の山が、屍体を外に運び出す水口門《スクムン》の城壁よりも高かったという。

埋葬は、仏僧たちに命じて行なわせた。李氏朝鮮では仏僧は賤民として扱われたが、こういう時には都合がよかった。

しかし、戦乱が終わっても、王や権力者は自分たちの責任についてはまったく考えることなく、昼夜、党争に耽《ふけ》った。そして日本のせいにすることで、怨恨を晴らした。

衣食足りぬところに礼節はなし

秀吉の侵略は狂気としか言いようがなかった。まったく理不尽なものであったから、日本を怨むのは当然のこととしても、正常な政権であれば、互いに協力して廃墟と化した国土の復興と、飢餓にあえぐ難民の救済に全力を傾注しなければならなかったはずだ。

一六〇〇年代に入って、徳川家康の時代になると、日本は対朝講和政策を講じて、被災国である朝鮮の惨状に対して物資の支援も考慮した。

ところが講和へ向けた交渉が進行するにつれて、李朝側は被災民を援助することには関心を示さず、倭乱中に王陵を荒らした犯陵者の処刑のみに固執した。これについては、対馬から二人の罪人を送らせて、処刑することで決着した。

これは今日、北朝鮮が日朝国交正常化においてとっている姿勢に、よく似ている。正常化がなれば、日本から一〇〇億ドル以上が北朝鮮に供与されることが分かっているにもかかわらず、北朝鮮は日本が日帝三六年について謝罪し、賠償金として支払うことを頑《かたく》なに要求している。

李朝の話に戻れば、このとき李朝としては、このような惨禍をもたらした外国の侵略を再び招くことがないように、軍備を充実させるべきであった。にもかかわらず、宮廷では、党人たちが相変わらず権力争いに専念した。

このような状況のもとで、民衆が生きるためには、人格や体面を考える余裕など、あるはずがなかった。人は衣食足りて礼節も栄辱も知るものであって、このような無責任な暴力集団とでも呼ぶべき政権のもとでは、強盗か、窃盗か、狡猾《こうかつ》者か、卑怯者しか、生存できなかった。

常民をはじめとする民衆は、自らを守るために、虚言と、裏切り、空理空論、表裏不同、怯懦《きょうだ》、反社会的な利己心を組み合わせて、生きるほかなかった。それが生存するための条件であった。このような社会において、公共心が育つはずがなかった。

暴君・光海君《クアンヘグン》が残した外交上の功績

光海君は暴君の烙印《らくいん》が押されているが、知性もあり、漢詩をよく作った。史耕の整備と『東国輿地勝覧《トングクヨジスンナム》』の刊行などが治績として挙げられている。外交面でも、賢明な策略をとったことが認められる。壬辰倭乱の後に、日本で徳川幕府が成立すると、その後の朝日《ちょうにち》間の和平関係を確立した。

もともと秀吉の朝鮮侵略は個人の野望から発したものだったし、徳川幕府は朝鮮に対する侵略戦争が、豊臣家の没落をもたらしたことを知っていたから、朝鮮を再び攻めようなどという意図は、毛頭なかった。日本側でも、朝日関係を正常化することを願っていたから、この交渉は困難なことではなかった。

大陸では、明が朝鮮半島に出兵して日本と戦ったために、大きな出費を強いられたことに加えて、やはり党争によって蝕《むしば》まれていたために、衰退が目立ちはじめた。そこに女真族出身の奴児哈赤《ヌルハチ》が、満州族である女真部族を統一して、勢力を伸ばした。奴児哈赤は一六〇六年にモンゴルを征服し、光海君九年に当たる一六一六年に、国号を後金《こうきん》と名づけて、自ら皇帝と称した。

光海君はこの時期に、北辺の防衛に留意した。宗主国である明が揺らぎはじめたために、苦しい立場に置かれた。

光海君は明から後金軍と戦うために、援軍を送るように求められると、「倭乱時の来援に応えるため」に、姜弘立《カンホンイブ》、金景瑞《キムキヨンソ》に軍を授けて出兵した。朝鮮軍は明軍を援《たす》けつつ、形勢を見ながら向背（味方につくか、敵につくか）を決めるように命じられていた。そのために明軍が大敗すると、すぐに後金に降伏した。

その後、後金に対して出兵が本意でなかったことを釈明し、そのために、後金からの侵略を免れた。これは光海君の賢策といえた。

光海君《クアンヘグン》が配流の島で詠んだ哀歌

光海君《クアンヘグン》は、一六二三年三月に、崔鳴吉《チヨミヨンキル》が率いる西人派によって王を廃され、追放された。西人は力を失っていたが、権力を奪回することに成功した。崔鳴吉は「一等功臣」として、領議政となった。これを「仁祖反正《インジヨバンジヨン》」というが、光海王は光海君に降等された。

西人派は光海君を追放すると、光海君から宝璽《ほうじ》を奪って、幽閉されていた仁穆大妃《インモクデビ》に捧げた。大妃は、綾陽君《ヌンヤングン》を王位につけることを宣言した。

綾陽君は十六代の王として、仁祖を称した。仁穆大妃は仁祖が即位すると、光海君を処刑しようとした。しかし、仁祖が必死になって、命乞いをしたために、光海君は命拾いをした。

光海君は島流しになった。江華島から泰安島をへて、済州島《チエジユド》で一六四一年に六十六歳の生涯を終えたが、光海君は配流先の島で、詩を詠んだ。

碧山愁色帯清秋　青い山は秋の愁いを包んだ紅葉にみちて
帰心厭見王孫草　ソウルが恋しくても、王孫草《つくばね》を見るのが厭わしい

客夢頻驚帝子洲　旅の宿で夢見ると王領地で驚き
故国存亡消息断　国の事情が心配だが、情報はまったくとだえ
烟波江上臥孤舟　波に煙る海上に、さみしい小舟に乗ってさまよっている

配流の地で、王と名のついた草を見るのは、腹立たしかったのだろう。李氏朝鮮では全土が王領地であったが、本来なら自分のものである王領地で幽閉されていることを自嘲したのである。

【十七世紀前半】

八章 「屈辱の碑《いしぶみ》」が教えるもの

――こうして朝鮮は、すすんで清の属国になり下がった

秀吉軍の捕虜として来日した儒学者の記録

『看羊録《かんようろく》』は、一五九七年に秀吉軍が朝鮮に再侵攻した丁酉再乱《ジョンユゼラン》（日本では慶長の役）の時に役人だった姜沆《カンハン》が、日本軍によって捕えられ、日本へ連行されて滞留した間の見聞を記した本として有名である。姜沆は捕えられた時に、全羅北道の東南端の南原で、兵糧の供給の任に当たっていた。

姜沆は名門の儒家の両班の家系に生まれ、十六歳で郷試《ごうし》に合格し、二十七歳で科挙の文科に合格している。二十九歳で博士になった。博士は官庁の役職である。

その翌年の一五九七年、三十歳の時に北上する日本軍に追われて、家族を連れて西海（黄海）の沿岸ぞいに脱出しようと試みたが、途中、小島に寄ったところを日本水軍によって捕えられた。その後三年にわたって、日本で捕囚生活を送ることを強いられた。

もっとも姜沆の日本における生活は、牢獄に繋がれていたわけではなく、本国へ帰ることが許されなかっただけで、強い郷愁にさいなまれたのを除けば、自由なものであり、高い教養を身につけていたから、逆に厚遇された。姜沆は後に江戸儒学の祖となった藤原惺窩《ふじわらせいか》と会って、儒学を講じている。

姜沆は名文家であった。今日、日本に姜沆の筆による書が所蔵されているが、名筆家でもあったことがわかる。しかし、帰国した後には、倭賊《ウエジョク》である日本軍によって捕われたことから、自ら罪人であると考えて、官職に就《つ》くことを拒み、五十二歳で没した。多数の弟子が輩出している。『看羊録』の日本語訳は、大正元（一九一二）年以後、何冊か刊行されている。

日本は「絶域の外、犬や豚の巣窟《そうくつ》」

『看羊録』は日本抑留中に見聞した日本の国情について、詳細に述べている。

姜沆はこのなかで日本や、日本人を「蛮夷《マニ》」「倭奴《ウエノム》」「奴倭《ノウエ》」「倭国《ウエグク》」「倭卒《ウエジョル》」「倭将《ウエジャン》」「倭語《ウエオ》」「倭船《ウエソン》」「倭京《ウエキョン》」「倭僧《ウエソン》」「醜奴《チエノ》」などと呼んで、蔑《さげす》んでいる。「倭《ウエ》」は、小人《こびと》という蔑称である。

李氏朝鮮は中国を崇《あが》め、「小中華《ソチユンフア》」と自称して誇っていたので、日本人は華夷《かい》思想でいくと、人間以下の未開人（夷狄《いてき》）とみなされた。姜沆は『看羊録』のなかで、日本へ拉致《らち》されたことについて、「絶域の外、犬《ケ》や豚《テージ》の巣窟《そうくつ》に陥ってしまった」と述べている。当時の人々は距離感が今日とまったく違ったから、「絶域」よりも外というのは理解できるが、日本人を犬や豚と同列に置いたのは、あの時代としても、いささか狭量なことだった。

『看羊録』は、当時の日本についての記述よりも、姜沆が李氏朝鮮をどのように描いているかということのほうが、興味深い。姜沆は「倭人」が「背が低く、力もない。わが国の男と倭《ウエ》が角力《すもう》をとったら、倭人はまったく勝ち目がない」のに、どうしてたやすく国土を蹂躙《じゅうりん》されてしまったのだろうか、と自問している。

「わが国はふだんから兵を養うことも、民を教化することもせずに、壬辰倭乱（文禄の役）が起こってからは、農民をかき集めて戦場へ駆り出している。いくらかでも金《かね》や財産のある者は、賄賂を使って兵役を逃れるから、頼るものがない貧民だけが敵を防ぐ役目を負わされる。

将は常備軍を持たず、兵士には決まった将がいない、民は半《なか》ば巡察使（兵乱が起こった時に、臨時に任命され、地方の軍務を監督した官吏）に、半ば節度使（各地方の陸軍司令官である兵馬節度使と、各道の海軍司令官である水軍節度使に分かれる）に属している。一人の兵士が朝は巡察使の指揮下にあり、夕方には都元帥（戦時に臨時に任命され、軍を統率した）の指揮下にある。将と兵士が目まぐるしく入れ替わるために、統率することができない」

「わが国では衛門（官庁）の数がおびただしく多く、矛盾する政令を濫発《らんぱつ》し、州や県の士卒を根こそぎ徴発し、倉庫の食糧を持ち去って空《から》にしてしまう。倭賊が攻めてくるころには、何も残っていない。このような状態では、もし張《ちょう》、韓《かん》、劉《りゅう》、岳《がく》を生き返らせたとしても、逃げ出すほかない」

張、韓、劉、岳は、中国の歴史上の名将、功臣として知られた、前漢の張良《ちょうりょう》、漢の韓信《かんしん》、宋の劉錡《りゅうき》、宋の岳飛《がくひ》のことである。彼らにとっては、中国こそ理想郷であり、手本であったのだ。

姜沆は『看羊録』のなかで、「李舜臣《イスンシン》は水軍を支える柱であったのに、罪状も分からないまま彼を唐突に投獄し、元均《ウオンキユン》に代わらせたのは誤っていた」と批判している。

李氏朝鮮は秀吉軍によって理不尽な侵略を蒙《こうむ》る前から、自らの手で自分の身に災禍をもたらしていたのだった。太祖である李成桂が李朝を創建してから、二〇〇年あまりを費やして、いったいどのような国を作ったというのだろうか。

現代の日本を見透《みす》かした姜沆《カンハン》の炯眼《けいがん》

李氏朝鮮は王朝が滅びるまで、慕華思想がもたらした軛《くびき》から、脱け出すことができなかった。そこで日本の徳川時代を通じて歴代将軍の代替わりに当たって、通信使（日本では朝鮮通信使として知られている）一行を日本へ一二回にわたって派遣したにもかかわらず、終始、日本を夷狄《いてき》視《し》して侮《あなど》ったために、日本社会の優れた面を学ぶことがなかった。日本人はつねに「倭奴」であり続けた。

倭といえば、日本人はたしかに、明治に入っても身長は低かった。

日本が日露戦争でロシア帝国に勝ち、アメリカのポーツマスにおいて講和条約に署名した小村寿太郎《こむらじゅたろう》外相がその場で着ていた服が、故郷の宮崎県日南《にちなん》市の小村記念館に展示されている。そのフロックコートを見ると、子供の服のように小さい。

また、神奈川県横須賀市の三笠《みかさ》公園に、日本海海戦の日本艦隊の栄光の旗艦であった戦艦三笠《みかさ》が、当時の姿のまま保存されており、東郷平八郎《とうごうへいはちろう》提督の軍服と靴が艦内に展示され

【年表6】李朝500年・16代仁祖即位から清への服属まで

1623年	16代仁祖即位。後金への敵対政策に転換
1627	「丁《ジョン》卯《ミョ》胡《ホ》乱《ラン》」、3万人の後金軍が朝鮮に侵攻 仁祖一行、江華島に避難。後金と「兄弟」の盟約結ぶ
1636	「丙《ビョン》子《ジャ》胡《ホ》乱《ラン》」、10万人の清軍が朝鮮に侵攻
1637	朝鮮、清に服属を誓約、「大清皇帝功徳碑（恥辱碑）」建立
1641	**日本で鎖国体制が整う**
1644	清が北京占領。明が滅亡し、満州族の中国支配はじまる

ソウル・松《ソン》坡《パ》洞《ドン》に立つ「大清皇帝功徳碑」
別名を「恥辱碑」という（撮影／著者）

ているが、やはり、あまりに小さいのに驚かされる。

日本人は先の大戦に敗れてから、高度経済成長によってたしかに体は大きくなったが、それにつれて、日本人らしさを失ってきたのではないか、とも思う。

それにしても、姜沆《カンハン》は炯眼《けいがん》の持ち主だった。『看羊録』のなかで、日本人の「風俗《ブンスク》といえば、小事に聴《さと》く大事に疎《うと》い。衆人が尊び誉《ほま》れとすることは、内容もよく調べずにひたすら従い、いったん惑わされてしまったら、死ぬまで覚《さと》ることがない。これこそ、蛮夷《マニ》の陋劣《ピョンヨル》というものである」と述べている。

これは今日の日本人がアメリカによる保護を天与のものとして、それが未来永劫に続くものと錯覚して、アメリカが日本を属国とするために強要した〝平和憲法〟を崇《あが》めていることを見透かしているように思える。

今日の日本が、アメリカ文化を競うようにして模倣して恥じることなく、アメリカに国家の安全と未来をすべて託しているのを見ると、李氏朝鮮の中国に対する事大主義を想起せざるをえない。中国に憧れ服属したことが、李朝時代を通じて韓民族を堕落させたという事実を、よもや日本人が知らないではあるまいに。

「丁卯胡乱《ジョンミヨホラン》」――最初の満州族侵入

十七世紀前半の朝鮮半島へ戻ろう。十六代目の王・仁祖《インジヨ》は、先代の光海君が軍備の充実に務め、満州族の後金（後の清《しん》）と明の抗争に対しても、どちらか一方に加担することなく、中立的な政策をとっていたのを覆《くつがえ》し、「向明排金《ヒャンミヨンペキム》」政策に転換した。さらに、防備を整えるという方針も捨てた。

だが、この決定は国が置かれた現状を客観的に勘案してのものではなかった。

つまり李氏朝鮮の業病ともいうべきもので、たんに前任者の政策に反対しただけのことだった。たとえ前任者がとった政策が賢策であったとしても、前任者を否定するために、政策も逆転させるのが李朝の伝統であったからだ。

この政策の転換は、やがて重大な結果をもたらした。

仁祖は、ことさらに「親明反金《チンミヨンバンキム》」を標榜したから、当然のことに後金を刺激した。後金は明と戦っており、後方にある朝鮮の動向を警戒していたから、当然のことながら、不安を除くことに乗り出した。

一六二七年一月十四日に、三万人の後金軍が凍った鴨緑江《アムノッカン》を渡って、朝鮮に侵入した。

朝鮮史はこの戦いを「丁卯胡乱《ジョンミョホラン》」と名づけているが、李氏朝鮮にとって再び大きな禍《わざわ》いとなった。「胡《ホ》」は、韓民族が満州人を夷狄《いてき》と見なしてつけた蔑称である。

朝鮮軍は、はじめから後金軍と戦う気が毛頭なく、逃げることが任務であるように考えていた。国防政策がないに等しかった。宗主国の軍が来援することに依存していた。朝鮮軍は姜沆が三〇年前に記したとおり、烏合《うごう》の衆《しゅう》のままであった。

仁祖王の一行は、江華島に避難した。皇太子の昭顕世子《ソヒエンセジャ》は全州へ避難した。はじめから防戦しようとする意欲がなかった。

江華島では、朝臣が和戦をめぐって激論を交わした後に、王が和平論を採択した。後金も、あくまで明と戦うことを目的としていたから、これを受け入れた。そして朝鮮は、後金が戦勝国であることを認めたうえで、後金を兄、朝鮮を弟とする「兄弟」の盟約に同意した。朝鮮は後金に歳幣《さいへい》、つまり年ごとに、一定額の上納金を貢《みつ》ぐことを約束させられた。こうして戦うことなく、後金と講和が成立した。

再度の大侵攻と、仁祖《インジョ》の周章狼狽《ろうばい》

一六三三年に、後金は李王朝に、難題を持ちかけた。後金は朝鮮に軍糧米と兵船を提供することを要求しただけでなく、六年前に合意した「兄弟の関係」を、「君臣の義」に改めるよう求めた。さらに一六三六年、後金は国号を「清」と改めて、清の太宗に対して「皇帝」の称号をもって呼称することを朝鮮に要求した。併せて、歳幣の増額も要求してきた。

仁祖王の朝廷はここに至って、これまでになく排清熱を昂揚させた。朝鮮は明を宗主国として崇めていたし、皇帝といえば地上に明の皇帝一人しかいなかった。明の皇帝こそ中国の皇帝であり、皇帝という称号は明の皇帝以外には、絶対に用いてはならなかった。仁祖は斥和論《チョッファロン》（和平排斥論）を採択し、清の使節と面会することすら拒んで、追い返してしまった。

仁祖は国防を怠ってきたのにもかかわらず、「親明排金」策を復活させて、全国に宣戦布告に当たる「宣戦教書」を発した。このように清に対する敵意を明らかにしたために、清は満人、モンゴル人、漢人で組織した一〇万人の大軍からなる朝鮮遠征軍を組織して、一六三六年十二月九日、太宗自らが鴨緑江を渡り、侵入して来た。

清軍は無人の野を行くように、短時間でソウル近郊に到達した。仁祖王の朝廷は、金縛りにあったように動かなかった。情報の判断は事実に基づくことなく、党派閥の利害によって決められた。この時も、与党である西人派内部の主和派《ジュファバ》と斥和派の論争によって、左右された。

いつものこととはいえ、李朝の暗愚な専制王は、危機に陥れば、ただ狼狽《ろうばい》してどこかへ避難し、後は野となれ山となれだった。百姓が皆殺しにされようが、餓死しようが、構ったことではなかった。王は派閥に従順でありさえすれば、天上人唯一王《チョンサンインユイルワン》であり続けられ、幸福が保証されていたからである。

宮廷は「清軍がソウルに肉迫」という報せによって、はじめて清軍来襲を認めて、緊急会議を開いた。廟議《びょうぎ》は主和派の崔鳴吉《チエミヨンキル》を、敵陣に派遣することを決定した。そして謀略によって、敵のソウル侵入を遅らせながら、江華島へ避難する時間を稼ごうとした。その一方で朝廷は、明軍の来援にすべてを託していたから、明に援軍の派遣を要請する急使を送ることになった。

同時に、全国に檄文《げきぶん》を飛ばして、百姓たちに清軍《オランケ》を撃退せよと命じた。朝廷は狂気に駆《か》られていたとしか言いようがなかった。愚かにも外国（この場合は明《みん》）に自国の安全をすべて委《ゆだ》ね、外国には外国の事情があることを考えなかった。

このとき明は、すでに風前の灯で、滅亡する寸前であった。東林党と非東林党の抗争と、宦官の専横によって朽木《くちき》のように倒れようとしていて、とうてい仁祖の援軍要請に応じられるような状況にはなかった。明の朝廷は、李氏朝鮮の朝廷によく似ていたのだった。李氏朝鮮は、まさに明のクローンのようなものだった。

仁祖王は、百姓に抗戦するように督促して、百官を引率して江華島へ向かった。しかし、江華島への道は、すでに清軍によって断たれていた。

仁祖王はやむを得ず、世子と大君たちをともなって、南漢山城《ナムハンサンソン》に急いで避難した。しかし、清軍は一週間そこそこで南漢山城を包囲した。一六三六年十二月十六日のことであった。

この時の清軍による朝鮮再侵攻は、朝鮮史では「丙子胡乱《ビヨンジヤホラン》」として知られている。

ソウル市内にいまも残る、屈辱の碑《いしぶみ》

今日、ソウル市松坡洞《ソンパドン》に、「三田渡碑《サムジヨンドビ》」という高さ五メートル七〇センチ、幅一メートル四〇センチの堂々とした石碑が立っている（写真201ページ）。私の家から歩いて一一、二分のところにある。これは、朝鮮史を浮き彫りにする史蹟である。私たちは過ぎ去った歴史を真正面から見据えて、そこから教訓を学ばねばならない。失敗の歴史こそ、明日へ向けた活力とせねばならない。

これは清の太宗の頌徳碑《しようとくひ》で、名称を「大清皇帝功徳碑《デチヨンフアゼコンドクビ》」と言うが、韓国では「恥辱碑《チジヨクビ》」として知られてきた。大韓民国の史蹟第一〇一号に指定されている。

この碑は「丙子胡乱」の後、清の太宗が仁祖の降伏を認めたうえで、自らの功徳を記述したもので、表面の左側にはモンゴル語、右側には満語が刻まれ、裏面は漢文が用いられている。

清軍によって南漢山城を包囲された仁祖王がどうなったのか、「大清皇帝功徳碑」の文章を要約してみよう。

「大清崇徳元年、冬十二月、寛温仁聖皇帝（豊かな恩恵と、神聖で思い遣り深い清の太宗）は、朝鮮が紐帯《ちゆうたい》関係を破ったために大いに怒り、武力を行使して、東方（朝鮮）へ進撃した。国（朝鮮）内に入ったら、対抗する者はまったくなかった。

我が寡君《クアグン》（仁祖のこと、「寡君」は他国に対して自分の国王を謙遜していう言葉）は、南漢山城にあったが、小春日和《こはるびより》に氷板を踏んで、日出づる太陽を待つような憂々《うつうつ》の日を五〇日余り送る間に、各地方の軍隊は相次いで崩壊し、西北にあった軍隊は峡谷にはまって動けず、城内の食糧も尽きた。

もし、大兵をもって城を攻撃されたら、冷たい風によって秋の落葉が飛ぶように、あるいは大火が鴨の毛を燃やすように、ひとたまりもない運命にあった。しかし、皇帝（清の太宗）はできるだけ殺生をしないことこそ武勇であり、徳を優先させるという勅《ちよく》命《めい》を公布して、諭旨《ゆし》した。即ち『降伏したら朕《ちん》はお前ら（仁祖ら）を生かすが、抵抗したら全員を虐殺する』と仰せられた。

寡君はやむを得ず、文武諸臣を集めて、『私が至らなかったために、自ら天による懲罰を招来し、民《たみ》百姓を死の間際に追いやった。その罪は、私一人にある。それにもかかわらず、皇帝は自重され、屠戮《とりく》（皆殺し）することを控えられた。このような有難い諭旨に接し、慎みてその意を頂き、宗廟社稷《そうびょうしゃしょく》と我が生霊を保全するほかない』。したがって、数十騎を先頭に立てて、清の軍営前に至り、罪を咎《とが》めるように請うた。ところが、皇帝は礼をもって応対され、恩恵をもって慰労しながら、礼物（相手に敬意を表わすために贈る品物）を下賜《かし》された」

仁祖はこの時、それまで軽蔑していた胡服《こふく》（北方の蛮夷の服）を着て、松坡の三田渡《サムジョンド》に設けられた「受降壇」において、屈辱的な降伏を行なった。「受降」とは、降伏を受け入れることである。

仁祖王は「受降壇」において、清の太宗に向かって九回、地面に頭をつけて、叩頭《こうとう》する拝礼を行なったうえで、清からの一方的な和約を結ばされた。一六三七年一月三十日のことだった。

清の属国となった李氏朝鮮

この和約の内容は、次のようなものだった。

一、朝鮮は、清に対し、臣としての礼を尽くすこと。
一、朝鮮は明の元号を廃し、明との交通を禁じ、明から送られた誥命《こうめい》（勅命と冊印）と、明から与えられた朝鮮王の印璽《いんじ》を清へ引き渡すこと。
一、王の長子と次男、および大臣の子女を人質として送ること。
一、清が明を征伐する時には、求められた期日までに、遅滞なく援軍を派遣すること。
一、内外（清）の諸臣と婚姻を結び、誼《よし》みを固くすること。
一、城郭の増築や、修理については、清に事前に許諾を受けること。
一、清に対して黄金一〇〇両、白銀一〇〇〇両と二十余種の物品を歳幣（毎年納める金と品物）として上納すること。
一、皇帝の誕生日である聖節、正朔《せいさく》である正月一日、冬至と、慶弔の使臣は、明との旧例に従って送ること。

一、清が鴨緑江の河口にある椵島《かとう》を攻撃する時に、兵船五〇隻を送ること。
一、清からの逃亡者をかくしてはいけない。
一、日本との交流を許すこと。

この和約によって、李氏朝鮮は明から清の属国になった。

仁祖王は和約を結んだうえで、皇太子である昭顕世子《ソヒエンセジャ》と、王子の鳳林大君《ボムリムデグン》らを人質として送るかたわら、斥和派の強硬論者であった三人の党人を逮捕して、斬刑に処した。

李氏朝鮮はその後、十九世紀に至るまで、清に毎年、全国から選ばれた美女である妓生と宦官を貢いだ。これらの妓生と宦官は、清によって珍重された。


「大国の仁義を、深く心に刻むものである」

「大清皇帝功徳碑」に戻って、要約を続けよう。

「礼が終了すると、寡君《クァグン》（仁祖）を都城に帰らせて、軍を撤収し、離散した百姓を慰

「大清皇帝功徳碑」の横に立てられたレリーフ。
清の皇帝(上)に仁祖王(下)が九度拝礼している

め、農耕を勧奨した。人々が古巣に帰れたことは、すばらしい幸福であった。

我らの小国が大国《テグク》（清）に対して罪を犯してから久しい。

かつて姜弘立《カンホンイプ》が明の救援を行なったところ、敗れて捕虜になった。その時に、太祖武《ぶ》皇帝（奴児哈赤《ヌルハチ》）は弘立ら数名だけ残して、残りの兵士を全員帰国させたが、その恩義といえば広大なものであった。丁卯年（一六二七年）、現皇帝（清の太宗）が諸将兵に命じて東国（朝鮮）に入ると、朝鮮は使臣を送って和親を請うた。皇帝は許して兄弟国と見なしてくれたために、この国が無事でいられ、弘立も帰って来た。

不幸にも（朝鮮の朝廷が）流言を信じて、混乱の原因をつくり、辺臣（辺境を守る兵士）をして警戒に当たらせ、大国に尽くすべき礼をわきまえず、その宣戦教書が（清の）使臣の手中に入った。

ところが皇帝は、それでも寛大に扱われ、朝鮮へ使臣を送って親しく諭旨を伝達されたのにもかかわらず、朝鮮がそれを受け付けることを断ったのは、小国君臣の罪をいっそう重いものとした。

皇帝は大軍を率いて南漢山城を包囲し、江都（ソウル）をたちまち陥落させ、嬪宮《ビンクン》

（王の妾たち）、王子、大臣などの家族が皆捕虜となったが、皇帝は諸将に対し、危害を加えないように命じられ、侍従官員と内侍に眼を配るように求められた。このように恩恵を施したために、小国の君臣と捕虜であった家族たちが、再び以前と同じく、冬が春に代わり、旱魃《かんばつ》が雨によって潤うように、その身を安《やす》んずることができた。国は滅亡の瀬戸際から救われ、宗廟社稷《そうびようしやしよく》が崩壊から再生した。

こうして東国（朝鮮）の数千里の国土がすべて甦《よみがえ》る徳を蒙《こうむ》ったことは、古代からの書籍にも稀《まれ》にしか見られないことである。ああ何と立派なことだろうか。

三田渡の南側に、皇帝が駐蹕《ちゆうひつ》（行幸中にとどまること）された所に、祭壇場がある。我が君は水部（工人）に命じて祭壇を増築し、石を磨き碑を立てて、永遠に遺して、皇帝の功徳が、天地調和するのと同じことであることを顕《あらわ》した。我々小国は代代、末永くこの徳を仰ぐのみならず、どのような国であっても服従しなければならない大国の仁義と、勇猛なる義理が、この根本になっていることを、深く心に刻むものである（後略）」

仁祖は清の太宗に遜《へりくだ》り、皇帝に対して自らを臣を意味する「后《きさき》」と呼んだ。

この日以後、李氏朝鮮は明に代わって、清の元号を用いるようになった。仁祖十七年といった国王の在位年による数え方は、公式のものではなく、便宜的なものでしかない。元号一つをとっても、日本が歴史を通じて自国の元号しか用いなかったのと較べると、韓民族がいかに不幸な歴史のなかを生きてきたのか、長嘆息させられる。

広島・平和公園に立つ「原爆慰霊碑」との共通点

「大清皇帝功徳碑」は、その後も韓民族の歴史のなかに登場する。

一八九五年に日本が日清戦争に勝つと、李氏朝鮮は清国の属国としての桎梏《しっこく》をのがれて、独立国となることができた。国号が清国と対等な国として大韓帝国に改められ、第二十六代の高宗《コジョン》王が、中華圏における中国皇帝の臣下を意味する国王の称号を廃して、はじめて皇帝を称した。

「大清皇帝功徳碑」は、一八九五年に、あまりにも恥辱であるとして、川のなかに投げ込まれた。もっとも、この碑は韓日併合後に、川底から掘り出されて、史碑として同じ場所に建立された。

一八九三年には、ソウルの西大門の近くにあった迎恩門が破壊されて、その場所に独立を記念する西洋式の独立門《トンリプムン》が建立された。迎恩門は、李朝を通じて、明、あるいは清の皇帝の勅使がソウルを訪れた時に、朝鮮国王がそこまで迎え出て、勅使に対して九回叩頭する礼を行なう場所だった。今日、独立門は韓国の史蹟三十二号に指定されている。

しかし、今日の韓国民のうち、いったい何人が、そこにかつて韓民族にとって、はかりしれない災禍をもたらした象徴である迎恩門が建っていたことを、知っているだろうか。

日本にはその歴史を通じて、「大清皇帝功徳碑」も、「迎恩門」もなかった。私たちから見ると、何と羨《うらや》ましいことだろうか。

しかし、そのかわりに今日の日本には、日本国憲法と、広島の市の中心にある平和公園に、「過《あやま》ちは繰り返しませぬから」と刻まれた原爆慰霊碑がある。

公平に見て、日本の対米戦争にはそれなりの言い分があったように思える。一九四〇年代のアメリカが、「寛温仁聖」を備えていたとは、とうてい言えまい。それなのに多くの日本国民が、アメリカに敗れたことによって、まるで冬が春に代わり、旱魃《かんばつ》が慈雨によって潤されたと信じるようになっている。いまも昔も大国に対する小国の罪は、重いものなのだろうか。

かつて李氏朝鮮は中国への卑屈な服従関係と、不正腐敗を覆い隠す名分として、慕華思想という言葉を用いた。誇りを失った李氏朝鮮の末路は、亡国しかなかった。今日の日本では、平和主義が李氏朝鮮の慕華思想に相当するようになっている。

もしかすると、李氏朝鮮の歴史から教訓を学ばねばならないのは、韓民族だけではなくて、今日の日本国民も同じなのではないかとも思う。

【十七世紀後半から十八世紀まで】

九章　いまに続く朝鮮の宿痾《しゅくあ》

——なぜ、日本では党派争いが起こらなかったのか？

清から戻った皇太子は、なぜ殺されたのか?

仁祖王《インジョ》は、清の太宗に屈辱的な降伏をした後に、降伏条項にしたがって長男の昭顕世子《ソヒヨンセジャ》、その妻の姜嬪《カンビン》と、次男の鳳林大君《ボムリムデグン》、三男の麟坪大君《インピヨンデグン》を人質として差し出した。

三人の王子は、三〇〇人以上の官僚や、従者をともなって満州の瀋陽《しんよう》へ赴いた。その時は、清はまだ北京を攻め取っていなかった。

人質たちは、はじめは瀋陽におかれた瀋陽館所に滞在し、清が北京を支配するようになった後に、北京に移った。瀋陽館所は李朝の大使館に当たり、瀋館と略して知られた。

昭顕世子が人質として出発した時は、二十四歳だった。鳳林大君は七歳年下だった。昭顕世子は生まれつき利発で、清に滞在していた間に、次代を担う使命感から、西学と呼ばれた西洋の科学を学び、モンゴル語と外交を研究した。

その妻の姜嬪も才女だったが、貿易業を営んで、滞在中の経費を賄《まかな》うとともに、清の宮廷の機嫌を取り結ぶために、珍しい物品を献じたりした。人質の滞在経費は、主として朝鮮王室から送られ、清も補助したが、姜嬪もまたそれを賄うのに功があったのである。

三人の王子は、清で八年の歳月を送った。昭顕はこの間、清の遠征に積極的に従軍したことから、清朝の信頼を得るようになった。さらに仁祖が清の太宗に懇請したことによって、世子は、二人の弟とともに帰国することを許された。

昭顕世子は、西学の文献を多く携えて、帰国した。ところが、朱子学に頑《かたく》なまでに凝《こ》り固まっていた父王の仁祖にとって、昭顕が説く西学は邪学でしかなかった。昭顕が得意になって父王に披露した地球儀も、仁祖には狂器にしか見えなかった。

昭顕は、北京で、西洋のキリスト教宣教師がもたらした西学に触れて、天文学をはじめとする西洋科学や、天主教《キリスト》の教義などを学んだのだが、それは地球儀一つをとっても、中国が世界の中心にあり、中国の皇帝が全宇宙の唯一人の統治者であるという華夷思想を否定するものだった。儒教を奉じる李氏朝鮮において、これは許されることではなかった。

ついに仁祖は、わが子である昭顕を毒殺した。

貿易業に才覚を見せた、その妻の姜嬪も、商業を賤業《せんぎょう》扱いしていた儒学に反した罪によって、やはり毒殺された。三人の罪のない孫たちも、穢《けが》らわしい子とみなされて、済州島へ配流された。また、姜嬪の父母、兄弟も、みな賜薬《サヤク》を賜わって、毒殺処分にされた。

この連坐制の伝統は、今日、北朝鮮で公然と行なわれている。韓国でも生命を奪うことまでではないものの、皆無とは言い切れない。

明《みん》国の復興を願う非常識

仁祖は王世子を、鳳林大君に代えた。鳳林大君は兄とともに人質となっていた間、西学にはいっさい耳を貸さず、蟄居《ちっきょ》して朱子学の研究に専念していたから、仁祖から見ると可愛かったのである。仁祖と新しい世子は、昭顕が蒐《しゅう》集《しゅう》した貴重な西学の書物を、すべて焼却した。唯一思想《ユイルササン》という妖怪が、李氏朝鮮を呪縛していたのだ。

鳳林大君は、仁祖王の没後の一六四九年に、十七代孝宗《ヒョジョンワン》王として即位したが、それまでの狂気の国王たちと変わらなかった。そして、あろうことか、八年にわたる人質としての辛苦を恨みに思い、清《しん》を嫌い、明《みん》に親しむ「親明排清」思想を深めた。

このころ、中国では、明の残党がまだ周辺の地域を支配して、復活を狙っていたのである。

孝宗王は即位すると、八年の屈辱を雪《そそ》ぐべく、清に対する復讐を誓い、北伐計画を樹て、軍備拡張を進めた。

【年表7】李朝500年・16代仁祖の清への服属から23代純祖まで

1637年	仁祖、清へ降伏し、3人の王子を人質に差し出す
1645	昭顕《ソヒエン》世子《セジヤ》、清から西洋の学問を持ち帰る(後に父王により毒殺)
1649	17代孝宗(昭顕王子の弟)即位
1654	清と結び、ロシア軍を撃退
1659	18代顕宗即位
1660	趙《ジヨ》大《デ》妃《ビ》の服喪問題をめぐり、西人派と南人派の党争激化
1669	同姓同士の結婚を禁ず
1674	19代粛宗即位
1687	**徳川綱吉、生類憐れみの令発布**
1689	「己《キ》巳《サ》士禍《サフア》」、忠臣・宋時烈《ソンシヨル》賜死。南人派による西人派大弾圧
1694	「甲《カプ》戌《ス》獄《オク》事《サ》」、南人派追放、少論派の政権樹立
1702	**赤穂47士、吉良義央の討入りに成功**
1716	**徳川吉宗、8代将軍につく**
1720	20代景宗即位
1724	21代英祖即位、少論派を排斥
1725	派閥均衡人事を断行、老論政権成立
1750	均役法(税制改革)施行
1762	思《サ》悼《ト》世子《セジヤ》、党派抗争の犠牲となり死去
1772	**田沼意次、老中になる**
1776	22代正祖即位
1780	忠臣・洪国栄《ホンククヨン》を誣告により配流(のちに死去)
1787	**松平定信による寛政の改革はじまる**
1791	「珍山《ジンサン》事件《サコン》」、朝鮮で最初のキリスト教迫害事件
1800	23代純祖即位
1801	「辛《シン》酉《ユ》邪獄《サオク》」、キリスト教大弾圧事件起こる

北伐計画とは、すなわち清を伐《う》つことであったが、朝鮮の人口のほうが満州族を凌《しの》いでいたし、満州に攻め込めば、数が圧倒的に多い漢族が内応して立ち上がることを、期待したものだった。

その後、清からの要請によって、黒龍江《こくりゅうこう》に侵入したロシア軍を退けるために援軍を送ったりしたが、そのかたわらで北伐計画を練り続けた。

また孝宗は、済州島に配流した、兄の三人の遺子を迫害するだけでは足りずに、殺害した。

だが孝宗は、北伐政策の実現を見ないまま、一六五九年にこの世を去った。

仁祖は清太宗の頌徳碑を三田渡に建てるまでにして、清に屈従したのにもかかわらず、仁祖も孝宗も、裏では清を深く恨み、明を復興することを強く願っていた。これは明が力を完全に失っていた現実からすると、まるで空想でしかなかった。それなのに、非現実的なイデオロギーに取り憑《つ》かれていたのである。

李朝の朝廷は、思考を停止していたのだ。朱子学の空理空論に依って現実から目を覆い、「向明大義」とか、「崇明義理」とかの絵空事《えそらごと》に酔っていた。これこそが三田渡の屈辱を招き、さらにこの後、十九世紀末に国を亡ぼすことにもなったのである。

李氏朝鮮は亡びるまで、朱子学だけを正当な学問であるとして、現実には目も耳も閉ざした。この姿勢は、現在の北朝鮮が、共産主義がすでに破滅したのにもかかわらず、「唯一思想《ユイルササン》」を絶対視することに受け継がれている。しかし、今日の日本もまた、「向明大義」を「平和主義」に置きかえれば、よく似ているとは言えないだろうか。

服喪期間が一年か三年かで、朝から晩まで大論争

第十八代の顕宗《ヒョンジョン》王は、孝宗の子であったが、即位すると、父王の遺業であった北伐計画を成就させようと努めた。しかし、強大な清を前にして、現実性のあろうはずがなかった。それでも、顕宗はいっそう「大明崇向《デミョンスヒャン》」に傾いた。

顕宗が即位した直後に、趙大妃《ジョデビ》の服喪の問題をめぐって、またもや党派争いが勃発した。趙大妃は先々代の仁祖の継妃（前の王后の死去した後に迎えられた王妃）であり、法的には先代の孝宗の母に当たっていた。

執権党であった西人派は、孝宗が次男であるから、一年の服喪でよいと主張し、南人派

は孝宗が次男であっても、王位に就いたのだから長男として見做《みな》されるべきだとして、三年間の服喪を主張した。はじめは西人の意見が優勢だった。しかし、朝から晩まで「一年間か、三年間か」の論争に耽《ふけ》るうちに、南人が勢いを盛り返した。それだけならよかったが、またもや、例のごとく多くの人命を犠牲にした。

孝宗は在位中に、新しい徴税法の大同法を広く施行したことと、活字を十万個鋳造したのが、業績だといえば業績であった。

一方で同姓通婚を禁じたが、これは、今日の韓国まで及んでいる。現在の韓国人は、外国人が同姓どうしで結婚するのを、禽獣《きんじゆう》のようだといって一人で優越感に浸《ひた》っているが、その源はここに発している。

正妻を廃し、妾を正后とした粛宗王《スクジヨン》

一六七四年に即位した第十九代の粛宗王《スクジヨン》は、政治への関心が深かった。しかし、政治といっても、礼論に終始した。そして、あいかわらず西人と南人の間の政争が激烈をきわめていた。そのなかで、王の妾である張嬉嬪《チヤンヒビン》が中心となって、王后の閔氏《ミンシ》を追い出す事件が発生した。

粛宗は、それまで二人の正妻を病いによって失っていた。三人目の王后の他に、姫嬪を二人と、多くの宮女を妾にしていた。

粛宗には子がなかったが、宮女だった張氏を愛した。一六八八年、二人の間に、王子の均《キユン》（後の景宗《キヨンジヨン》）が生まれた。均が二歳になった時に、母親の張姫嬪は、均を王世子として冊封することを強く望んだ。これに対して、西人派の宋時烈《ソンシヨル》をはじめとする勢力家たちは、正室である王后がまだ二十一歳で、子ができる可能性もあるから待つべきだと主張した。

粛宗は、一六八九年正月に均《キユン》を世子に冊封して、それまで宮女であった張を、嬉嬪に昇格させた。

宋時烈は、この決定は早すぎると上疏《じようそ》したが、粛宗は済んだことに対して意見を述べたと言って、怒りを露わにした。反対勢力の南人派がこの時とばかり、立ち上がった。宋時烈を糾弾して、配流することを主張した。粛宗はその主張に応じて、宋時烈を済州島に配流した。さらに全羅北道の井邑《ジヨンオグ》へ移し、はてに賜死させた。五〇年来の忠臣も、ついに水に浮かぶうたかたのごとく、命を落とした。

その他の西人派の幹部たちも、あますことなく流刑に処せられた。

この事件は「己巳換局《キサフアンクク》」あるいは、「己巳士禍《キササフア》」として知られる。

粛宗はこの後、正妻の閔姫を廃位して、張禧嬪を王后に昇格させようと企てた。ところが西人派の残党の学者たち八十余人が、「道理上納得しかねる」として、上疏した。その結果、全員が悲惨な刑罰を受けた。ここで執権党であってきた西人党は、終焉する運命を迎えた。

そうして閔姫は廃位され、張禧嬪が王妃となった。

国王の気まぐれで、またもや一八〇度の攻守転換

今や宮城の両班集団は、南人派の天下となった。

ところが粛宗は、時が経つにつれて、閔姫を追い出したことを反省するようになった。五年の歳月が流れる水のように過ぎた。一六九四年に少論派の金春沢《キムチユンテク》などが、廃姫閔氏の復位運動を起こした時、粛宗は閔姫に同情するようになっていた。これを契機にし

て、政権を掌握していた南人派が閔黯《ミンアム》を中心として、少論一派を除去しようと企てたが、失敗した。閔黯らは逆に投獄された。

粛宗王の心境が変わっていたことを、彼らは読めていなかったのである。粛宗王は、閔黯を賜死処分にしたうえで、多数の南人を配流した。

その後、西人派の分派である少論派の南九万《ナムクマン》たちを登用するとともに、張王后を再び元の嬉嬪に格下げした。さらに、「己巳士禍」の時に賜死処分にした宋時烈、金寿恒《キムスハン》たちに爵位を与えて、その名誉を回復した。

執権党であった南人派が再び追放されて、少論派が政権を握るようになった。

この事件は、「甲戌獄事《カプスオクサ》」と呼ばれる。このあたりの顚末《てんまつ》は「李朝実録」にも「仁顕王后（閔姫のこと）廃位事件」として、記されている。

張嬉嬪はこの後さらに没落し、身分も庶民にまで落とされた。

こうして仁顕王后閔姫が再び復権して、宮城へ戻った。

この後、張嬉嬪は、仁顕王后が七年後に三十四歳で病死したときに、巫女《みこ》たちを傭《やと》って、仁顕王后を死なせるように祈禱《きとう》させていたことが発覚して、その兄や、一族たちとともに死刑に処された。

この事件は「巫蠱《ムコ》の獄《オク》」と呼ばれたが、張嬉嬪を支えてきた要人たちを没落させた。

この後、妖僧であった処瓊《チヨキヨン》をめぐる事件が、宮廷を揺るがした。仏僧の処瓊が「自分は昭顕世子《ソヒエンセジヤ》の遺腹子である」と自称して、世に現われたのである。昭顕世子とは、清から西学を持ち帰ったことで、父王・仁祖にうとまれ、毒殺された世子で、遺腹子は、父の死後に生まれた子のことである。

処瓊は江原道平海郡の小吏《しようり》の子だったが、美男で、性格が奸巧だった。一六七一年に勉強もやめて、自分が神僧であると称して、京畿地方を歩き回った。多くの百姓が彼を信じて、「生仏《センブル》」と呼ばれるようになった。

やがて処瓊は、ソウルに姿を現わした。美男であったので、宮女のなかで、処瓊と私通する者が多かった。そのような時に、処瓊は、ある士大夫家の妙香《ミヨヒヤン》という女から、昭顕世子の妻に遺腹子がいたが、その容貌が自分と生き写しだったという話を聞いた。

処瓊は野望を抱き、念仏を唱えにきた王族の一人に、当時の事情を委《くわ》しく尋ねた。そのうえで、「昭顕遺腹子《ソヒヨンユボクジヤ》乙酉四月初九日」という字を書いて、領議政に提出して、自分が昭顕世子の遺腹子であると主張した。

この話が、粛宗の耳に入った。粛宗は処瓊を呼び出して、真否を確かめたが、偽者であることが判明した。処瓊と妙香は処刑され、関与した者も全員配流された。

粛宗の治世（一六七四―一七二〇年）は、日本では元禄から享保時代に相当するが、この間李朝では、このように王后と妾の争いが繰り返され、そのたびに多数の人間が犠牲になっていたわけである。

李朝の宮中小説である『仁顕王后伝』は、王后と宮女張嬉嬪との嫉妬の争いを題材とした宮廷の艶情哀史である。

仁顕王后閔氏は礼儀作法が素晴らしかったが、子がなかった。

そこで一七二〇年、張嬉嬪の息子の均が、二十代景宗《キョンジョン》王として即位した。

景宗が即位して間もない一七二二年に、睦虎龍《モクホリヨン》という者が、突然王を暗殺しようとする陰謀があるという嘘をひろめた。

王は宮中で会議を開き、睦虎龍が反逆者だとして指名した側近たちを逮捕した。彼らは取り調べに対して、でっちあげであると、必死になって反論したが、敵対勢力の南人派が審問を担当していたから、この陳述を黙殺した。

この結果、先に逮捕された側近と、王世子を擁立した四大臣、すなわち李《イ》頤命《イミヨン》、金昌集《キムチアンジブ》、李健命《イコンミヨン》、趙泰采《ジヨテチエ》が、死刑に処された。

睦虎龍は景宗王によって認められ、破格の出世をして、扶社功臣《ブサコンシン》に昇格した。そして、同中樞府事という高位を授与され、東城君《トンソンクン》に被封された。この事件は主として金一鏡《キムイルキヨン》を中心とする少論派が、当時の執権党を根絶させるために仕組んだ謀略であった。事件後に、少論派の巨頭であった尹宣挙《ユンソンコ》とその子が、高い官職を追復《ついふく》（死後にその功績をたたえ、位階を与えること）された。

しかし、一七二四年に第二十一代の英祖《ヨンジヨ》が即位すると、この謀略が明るみに出され、今度は金一鏡、睦虎龍たちが逮捕された。

英祖は睦虎龍の密告によって、生命の危険に陥ったことがあったのである。そこで即位するとただちに、少論派を排斥して、老論派を起用した。金一鏡は英祖の面前で拷問を受けながら、屈することなく、王に向かって「ナオリ（軽蔑の呼称）」と叫んだ。これはふつうの上役人を呼ぶ呼称でしかなく、王に対するものではなかった。そして事件については最後まで黙秘した。

睦虎龍や金一鏡たちは、ソウル近郊の唐古介《タンコゲ》で首を斬り落とされた。睦虎龍の首は三日間、路上に晒《さら》された。唐古介は、今日でもソウル市盧源区《ノウォンク》にあって、地下鉄の終点となっている。

このような誣告《ぶこく》の伝統は、この国から去ることなく、今日まで受け継がれている。李氏朝鮮は、この点でも韓国と北朝鮮のおぞましき原型となっているのだ。

またもや、英明で無実の皇太子を致死

英祖は王位に就くと、「蕩平之策《タンビョンジチャク》」——不偏不党の政策——を採って、党争を鎮めようとした。そのために老論派の洪《ホン》致中《チチュン》を領議政に、少論派の趙文命《ジョムンミョン》を副首相格の右議政に任命して、派閥均衡人事を行なった。

また、奢侈《しゃし》を禁じ、農耕を奨励するなど、民衆の生活の安定に力を注ぎ、税制を改革して兵役税法である均役法《キュンヨクボブ》を施行した。均役庁《キュンヨクチョン》を設置し、それまでの税の良布二疋《ひき》を一疋に半減させて、税収の不足を、漁、塩、船税の徴収で補った。

そして国防意識を高めるために、鳥銃訓練を奨励し、守禦庁《スオチヨン》に鉄砲の製作を命じて、堡《ほ》鎮《ちん》の土城を修築することに努めた。罪人に対する圧膝《アブスル》、烙刑《ナクヒヨン》、捕盗庁の乱杖《ナンジヤン》などの苛酷な刑罰を一切廃止した。といっても、拷問や、そのような残虐な刑罰までなくしたわけではなかった。

太宗時代の「申聞鼓《シンムンコ》」を復活させて、民衆の意見や、訴えを聞くことに努めた。武人で六十歳以上になったら、試験を受けて官吏に登用させた。印刷術を改良し、次々と書籍を刊行して、多くの学者たちを養成した。

このように文化や産業を復興させはしたものの、この王も、暴君であることでは変わらなかった。依然として党争は続いた。

さらに英祖は、酒池肉林に耽《ふけ》っていた。英祖王は一七四九年に、わずか十四歳だった王世子の愃《ソン》に、「代理聴政（摂政）」を委《まか》せた。

ところが、時派《シパ》と僻派《ビヨクパ》間の党争が激しくなるにつれて、ある風説が伝えられた。

「王世子に悪い癖があって、学問を怠り、官女とか内侍を理由もないのに殺して楽しみ、芸者や、尼僧と戯れている」というものだった。これは女たちの囁きであった。内侍は、宦官のことである。

また王世子は、英祖に報告せずに、平安道を遊覧巡行して帰ってきた。ところが、数人の党人たちが投書して、「世子には王世子として、体面を損なう行動が多々あった」と糾弾した。

その後も、このような王世子に対する陰口が続いた。英祖王は「酒池肉林」のなかで若い嬪――妾――たちの間をさまよう生活を送っていたから、正常な判断力を失っていた。世子は誣告を信じた父王の命令によって、頑丈な米櫃《こめびつ》のなかに閉じ込められて、食物も水も与えられずに餓死することを強いられた。

英祖王は後日、王世子が無実であったことを悟り、大いに後悔して、愛児を偲《しの》んで彼の名を思悼世子《サトセジャ》と呼ばせた。思悼世子は、賢明な皇太子であった。しかし、これより一一七年前、抜群に賢明な王世子でありながら、死に至らしめられた昭顕世子（221ページ）と同じように、一七六二年、党派抗争の犠牲となった。これは李氏朝鮮を通じて慢性化した、英才撲滅の悲劇であった。

「思悼」という諡号《しごう》が贈られたが、一七七六年にその子の正祖《ジョンジョ》が即位すると、自分の父に対する敬意を加えて「荘献世子《ジャンホンセジャ》」と改称した。さらに一世紀後の二十六代・高宗王《コジョン》が、「荘祖《ジャンジョ》」と追尊した。このように、殺してしまってから後に名誉を回復させて、各種の称号を与えるのも、李朝の愚かなならわしだった。

今日でも、韓国や、北朝鮮では、過剰なまでに美しい言葉を好んで、乱用する性癖がある。中華人民共和国も、同じ業病に冒されている。これは醜い現実を隠そうとする計算が働くからである。

天皇家は、日本社会の安全弁

李朝を開いた李成桂が、反逆によって祖国である高麗を滅亡させ、〝悪の帝国〟である中国を崇拝したつけは、自分の生存中から「王子の乱」に見舞われ、愛するわが子たちが血で血を洗う事態を招いたが、李朝を通じて、同じような災禍が続くことになった。

それに較べて、日本の皇室が神話から生まれ出て、ひたすら神事に没頭する無私な神官の一家であって、民族の崇敬の対象にされてきたのは、何とも羨《うらや》ましいことである。日本の皇室は無私を看板としてきたが、そのような伝統を持つ皇室を戴《いただ》いてきた日本民族は、幸せである。日本の皇室は明治から昭和二十（一九四五）年まで、西洋を模倣した一時期を除けば、王室よりも修道院に似ていた。

日本も、現在の政界や、旧陸海軍を見れば、理念ではなく、人と人とのつながりによる派閥抗争を三度の食事よりも好んでいるように見えるので、天皇家がなくなれば、李氏朝鮮と同じようになる可能性が高い。若い世代の日本人には、建国記念日や、天皇誕生日を祝うことが、莫迦《ばか》莫迦しいと考えている人も多いが、天皇家は日本人にとって、安全弁のようなものだろう。

李氏朝鮮は、党派抗争によって呪われていた。西人派が老、少の二つの派に、東人派は南人、北人に、南人派はさらに清南派《チヨンナムバ》と濁南派《ドクナムバ》に分裂した。

李朝は韓民族の原型までも破壊し、正邪、善悪、敵味方の分別さえ脆《あやう》いものにしてしまった。五〇〇年のあいだに、利己主義だけが増殖した。韓民族は過去と真正面から向き合って、このような悪しき伝統をかなぐり捨てなければ、二十一世紀に入っても、将来が見えてこない。

朝鮮で最初の天主教《キリスト》迫害事件

第二十二代の正祖《ジョンジョ》王（一七五二―一八〇〇年）は先王英祖の孫で、荘献世子の第二子である。正祖は、蕩平政治（不偏不党の政策）をモットーに掲げ、王の居室を「蕩蕩平室《タンタンピョンシル》」とまで呼んで、党派抗争をなくそうと努めた。

しかし、それは理念だけにとどまった。正祖は政治には関心がなく、都承旨《トソンジ》禁衛大将《クムエデジャン》の洪国栄《ホンククヨン》に政治を委任して、学問に熱中した。

洪国栄は一七七二年に、二十五歳で科挙に合格した。翰林《ハンリム》（国王の文書を司《つかさど》る部署）に入り、「春坊説勲《チュンバンソルフン》」を兼ねる、時の権力者となった。春坊は世子侍講院《セジャシカンウォン》のことで、王世子に経書と史籍を講義した。

洪国栄は鄭厚謙《ジョンフキヨム》、洪麟漢《ホンインハン》たちが、王世孫であり、後に正祖になった東宮《とうぐう》を脅かした時に、それを防ぎ、さらに正祖が世子だった時代に、よく彼を守り、王位継承を果たすのに功績があったので、正祖王の信任が厚かった。

正祖は、洪国栄に上奏されてくる書類を決裁する権限をすべて委《まか》せるかたわら、洪の妹を、妾のなかでもっとも格が高い元嬪《ウォンビン》にしたから、洪国栄の権勢は、国王を凌駕《りょうが》するほどになった。

ところが、正祖王はある瞬間、金鐘秀《キムジョンス》の進言によって考えを変え、洪国栄からすべての役職を剝奪《はくだつ》したうえで、江陵《カンリョン》に配流した。江陵に流された洪国栄は、三十三歳で癌によって死んだ。

ここでもまた、得意の絶頂に達すると、かならず周囲の嫉妬を招いて、身を亡ぼすという李朝伝統の哲理が働いたのだった。

一七九一年に、朝鮮で最初の天主教《キリスト》の迫害事件が発生した。「珍山事件《ジンサンサコン》」と呼ばれる事件である。天主教は宣祖王の時代（文禄・慶長の役と同時期）にこの国に入り、一般民衆に普及して信仰が拡大した。それまでは、何ら問題が起こらなかった。

ところが一七九一年に、全羅道珍山郡《ジンサングン》の両班である尹持忠《ユンジチュン》と、従兄弟の二人が、その母の喪式に当たって天主教式の祭礼を行なったという噂が、中央に伝わった。

朝廷では激論が展開された。孔子、孟子の儒教を崇奉すべき士林に属する両班が、制度を傷つけ、威信を損ねることをあえて行なったとして、糾弾された。そして天主教の信徒の大部分が、当時の執権派であった西人に属していたことから、いつものように党派抗争の格好の道具とされた。

二人は逮捕、審問された後に、社会道徳を紊乱《びんらん》させ、無文無君《ムムンムグン》のおぞましい思想を信奉したという罪によって、拷問の上で、死刑に処された。

朝鮮における最初の天主教の殉教者であった。もっとも、正祖は、この時に教主の権日身《クオンイルシン》を配流しただけで、弾圧をそれ以上、拡大させなかった。

その後も天主教の扱いをめぐって、信西派——西教の信仰を認める——と、攻西派——西教を攻撃する派——との対立が続いたが、そうした中、正祖は一八〇〇年に没した。

地方役人の百姓に対する苛斂誅求《かれんちゅうきゅう》

第二十三代目の純祖《スンジョ》王（一七九〇—一八三四年）は正祖の子である。十歳で即位した。

即位して、ほどなく天主教弾圧の「辛酉邪獄《シンユサオク》」が起きた。

正祖の在位中は、朝廷も天主教徒に対して寛大であったが、天主教徒は先の事件にも懲《こ》りることなく、教勢の拡張に努めた。一七九四年には、清国人神父である周文謨《しゅうぶんも》が来朝、宣教に努めたから、畿湖《キホ》地方を中心として、信徒教が一万名に達した。

しかし、正祖が死去し、純祖が即位してから事態が急変した。幼い純祖は知る由もなかったが、摂政の貞純大妃《ジョンスンデビ》が天主教弾圧派に加担した。

一八〇一年の正月十日に、邪教と邪学を厳禁し、根絶することを求める命令が発せられた。

その結果、天主教擁護の党派である時派《シパ》と南人系統の天主教徒に対して、全国的規模で残酷きわまる迫害と殺戮が、ほしいままに行なわれた。

天主教の幹部たちは発覚され次第、処刑された。

このとき流刑に処された丁若鏞《ジョンヤクジョン》が、流刑地の全羅南道の康津《カンジン》で、地方役人の事蹟を収録した『牧民心書《モクミンシムソ》』は、今日も評価が高い。地方の役人の百姓に対する苛斂誅求《かれんちゅうきゅう》の甚《はなは》だしさを、ありのままに記録している。

一例を挙げると、兵役税の名目で、兵員一人を徴集する時に、五、六人に令状を出して、余分の人員から徹底的に金子《きんす》を徴収して、役人が着服した。たとえば一家に祖父と父と孫が同居していて、祖父が兵役に耐えられない老齢でも、孫が五、六歳で幼かったとしても、きっちり人数分の兵役税が徴収された。

なかには、子供が多く、税金を納められない貧しい家の主人が鋏《はさみ》で自らの性器を切断し、それを妻が陳情目的で役所に届けたが、門前払いされたなどという悲しい話もある。

五一八年間続いた李氏朝鮮も、北朝鮮のこれまでの歴史も、中国の悠久の歴史も、残酷きわまる流血の歴史である。百姓を奴隷の境遇に転落させ、文字どおり限りない収奪と、大量の餓死が繰り返された。

北朝鮮を例にとれば、第二次大戦が終わって朝鮮半島が南北に分断された時には、北のほうが南よりもはるかに豊かな社会であった。北には工業があったが、南には農業しかなかった。それが今日では、南北の一人当たり所得は五〇倍以上の格差がつくようになっている。李氏朝鮮の呪いが「唯一思想」に姿を変え、北朝鮮に戻ってきたのだ。

【十九世紀から二十世紀初頭まで】

十章　呪われた帝国の最期

――なぜ韓民族は、独立を失うにいたったのか？

なぜ、勢道《セド》政治がはびこるのか？

二十三代・純祖《スンジョ》の王后は、安東《アンドン》金《キム》氏《シ》だった。そのために、王后の父で安東金氏の金祖純《キムジョスン》が権力を握った。金祖純は永安《ヨンアン》府院《ブウォン》君《グン》の称号を得て、安東金氏一族が勢《セ》道《ド》政治《チヨンチ》を始めた。

一国の政治が、安東金氏の一族の富貴栄華に利用された。

日本では勢道政治という言葉が、用いられることがない。日本では縁者でなくても、登用する。中国と朝鮮半島では社会が安定しなかったために、血族集団が外に対して結束しなければならなかったので、一族の団結を過剰なまで強めた。

政府が腐敗して、渾沌《こんとん》状態に陥ったために、一八一一年に「洪景来《ホンキョンレ》の乱」が起きた。

洪景来（一七八〇―一八一二年）は今日の北朝鮮にある平安南道の出身で、高麗時代の有名な南陽洪氏の後裔《こうえい》であった。李氏朝鮮では平安道の西北人は、文武高官に採用されなかった。西北人は緊急の事態が発生すると、いつも平定するのに用いられたにもかかわらず、高官に採用されなかったから、強い不満を抱いていた。

洪景来は科挙の司馬試の受験に失敗したが、合格者を見たら全員が貴族の子弟たちだった。科挙制度は腐敗しきっていて、権門勢家の子弟は無学鈍才でも合格したが、百姓と平安道出身者は除外されていた。

洪景来はこのような腐敗に対して、憤《いきどお》った。一八一一年が凶作で、人心の動揺が甚だしかったのを捉えて、平安道各地の有力者を束ねて、朝廷に対して決起した。自ら平西大元帥《ピョンソデウォンス》と称し、この年十二月に嘉山郡《カサングン》と博川郡《バクチヨングン》を占領し、決起から五、六日で、清川江《チョンチヨンカン》以北の八カ郡を手中に収めた。

洪景来軍は六カ月間にわたって平安道を舞台にして動乱を続けたが、政府軍の討伐に衆寡敵せず敗退した。が、その余波で、民乱が各地で起こった。


日本に対する蔑視は、どこから来たか？


第二十四代の憲宗《ホンジョン》（一八二七—一八四九年）は純祖の孫で、一八三四年、八歳の時に即位した。政治は安東金氏が垂簾聴政《スリヨムチヨンジヨン》を行なった。

憲宗の治世で記されるべきことといえば、一八三九年に「己亥邪獄《キヘサオク》」で天主教を弾圧し、虐殺を断行したことだった。

キリスト教の教勢は一八〇一年の「辛酉邪獄《シンユサオク》」で弱化したが、一八三五年には信徒が九〇〇〇人を超え、日増しに盛り返していた。これに驚いた吏曹判書《イジョパンソ》（総務大臣）の趙万永《ジョマンヨン》と、刑曹《ヒョンジョ》判書（法務大臣）の趙乗鉉《ジョスンヒオン》が先頭に立って、無慈悲な迫害を始めた。

一八四〇年に、イギリスが清に対してアヘン戦争を仕掛け、戦いは二年にわたった。憲宗は清朝がイギリス軍と戦っているさなか、西洋の浸透を防ぐためにキリスト教徒の一掃を命じる「斥邪綸音《チョクサユンウム》」を発布し、「五家作統法《オカジャクトンボ》」を強化した。

五家作統法は隣保自治組織をつくるもので、日本で十五世紀の応仁の乱後の凶作に当たって、飢餓に対応するために作られた制度を模倣したものだった。五つの家を一つの単位として食料を確保し、分かち合うものだった。

李朝初期までは華夷《かい》思想がまだ浸透していなかったので、日本に対する蔑視が存在しなかった。慕華思想が力を持つにつれて、日本を夷狄《いてき》視するようになったので、李朝時代は通信使がしばしば日本を往復したのに、その後は、日本から学ぶことがまったくなかった。

五家作統法はしだいに民衆に対する監視と、納税の督促のために用いられるようになり、民を苦しめる道具となった。

【年表8】李朝500年・23代純祖から滅亡まで

1800年	23代純祖即位。安東金《アンドンキム》氏《シ》の勢道政治はじまる
1811	「洪景来《ホンキヨンレ》の乱」起こる
1834	24代憲宗即位
1839	「己《キ》亥《ヘ》邪獄《サオク》」、天主教(キリスト教)大弾圧
1840	イギリスと清、アヘン戦争はじまる
1849	25代哲宗即位
1853	**黒船来航、開国を要求**
1863	26代高宗即位。その父・興宣《フンソン》大院君が実権を掌握
1864	東学運動の主導者・崔済《チエジエ》愚《ウ》を処刑
1866	「丙寅洋《ピョンインヤン》擾《ヨ》」、米商船、仏艦隊を相次いで撃退
1868	**明治維新**
1871	「辛《シン》未《ミ》洋擾」、米艦隊を撃退
1873	大院君失脚し、閔妃が実権を握る
1876	日朝修好条規(江華条約)締結
1881	日本の文物視察のため「紳士遊覧団」を派遣
1882	「壬《イム》午《オ》軍乱」、兵士たちの反乱起こり、清が朝鮮に出兵
1884	「甲申《カプシン》政変」、開化派の金玉均《キムオクキュン》によるクーデター未遂事件
1894	甲午農民戦争(東学党の乱)を契機に、日清戦争起こる
1894	金玉均、上海で暗殺される
1895	日本が閔妃を暗殺
1896	高宗、居所をロシア公使館に移す
1897	高宗、王宮に戻り「皇帝」として即位。国名を「大韓帝国」とする
1904	**日露戦争はじまる**
1909	安重根が伊藤博文を暗殺
1910	日韓併合。朝鮮総督府設置、李朝滅亡

憲宗には子がなかった。そこで、哲宗《チヨルジヨン》が養子として迎えられて、一八四九年、第二十五代の王となった。彼は、江華島の農家の貧しい出身だった。

韓国では日本のように他人を養子として迎えることも、娘婿《じよせい》を入籍することもしない。哲宗は即位したものの、貧農の育ちだったから、無学でろくに字も読めなかったので、操り人形としてうってつけだった。

勢道家の全盛時代であったから、金氏《キムシ》と趙氏《ジヨシ》一族の独り舞台となり、専横をきわめた。綱紀が紊乱《びんらん》し、賄賂《わいろ》が公然と行なわれた。三政——田賦《ジヨンブ》、軍籍《グンジヨク》、還穀《フアンコク》——制度も乱れて、貪官汚吏《どんかんおり》が到るところに充満して、百姓を搾取するのに専念した。

そんな折り、崔済愚《チエジエウ》（一八二四—一八六四年）の東学運動が、李朝を揺さぶった。崔済愚は東学の創始者で、零落《れいらく》した両班の出身である。儒教、仏教、道教を混合して、「人乃天」「天心即人心」の思想を主唱し、東学を起こした。多数の農民が参加して、「地上の天国」を目指して決起した。

東学は時宜に適《かな》った運動であった。李朝はこの運動が拡大するのを恐れて、一八六三年に崔済愚を捕えて、「惑世誣民《ホクセムミン》」の罪によって大邱で処刑した（一八六四年）。この事件は、後に「東学党の乱」（一八九四年）に発展した。

哲宗は戚族勢道家《チョクジョク》が専横をきわめた一四年にわたって、空虚な王座を守り、一八六三年に死去した。まさに、名ばかりの国王だった。彼にも後嗣《あとつぎ》がなかった。

大院君《デウォングン》による鎖国攘夷政策

つづく第二十六代の高宗《コジョン》が、実質上、李朝最後の国王で、大韓帝国の最初の皇帝となった。

李朝五〇〇年、王が兄弟も息子もないまま死亡した場合には、王位継承者を宗親のなかから選んだ。そして、その王の生父を「大院君《デウォングン》」と呼んだ。

ところが、李朝を通じて大院君といえば、宣祖《ソンジョ》王の父だった徳興《トクフン》大院君と、第二十五代・哲宗《チョルジョン》の父だった金渓《キムゲ》大院君と、高宗の父だった興宣《フンソン》大院君（一八二〇―一八九八年）の三人がいたにもかかわらず、今日、韓国史で大院君というと、普通は興宣大院君を指すようになっている。

大院君のなかで、韓国史にもっとも大きな影響を与えたからである。興宣大院君は高宗王の実父であり、二十一代英祖王の玄孫《やしやご》であった。

興宣大院君の名は、李昰応《イハウン》であった。哲宗王に後嗣がなかったことから、翼宗妃《イクジョンビ》だった趙大姫と謀《はか》って、自分の次男の李命福《イミョンボク》を世子とするのに成功した。哲宗が死ぬと、高宗が一八六三年に十一歳で即位した。そして実父であったから、大院君として摂政となり、すべての権力を握った。

それまでといえば、大院君は貧民窟に住んで、乞食同然の放浪生活をしていた。浮浪者が大権を掌握したのだった。

興宣大院君は権力を掌中に収めると、それまで政権を私していた安東金氏一族を追放した。乞食同然の生活を送っていた時に、米を恵んでくれていた米屋の李千一《イチョンイル》を宣恵庁《ソンヘチョン》の庫直《コチク》に登用した。宣恵庁は、米と布と金銭の出納を司った役所で、庫直はその金庫番だった。全国に支庁が置かれていたから、莫大な利益が得られた。

大院君は党派によることなく人材の登用をはかって、南北老少に分かれていた四色党派の身分と階級による差別を廃すること、地方の土豪たちによる民衆の虐待を禁じるかたわら、両班の勢力の温床として濫設《らんせつ》され、儒生たちの巣窟となっていた書院を撤廃することを命じた。

19世紀の李氏朝鮮と甲午農民運動（1894年）

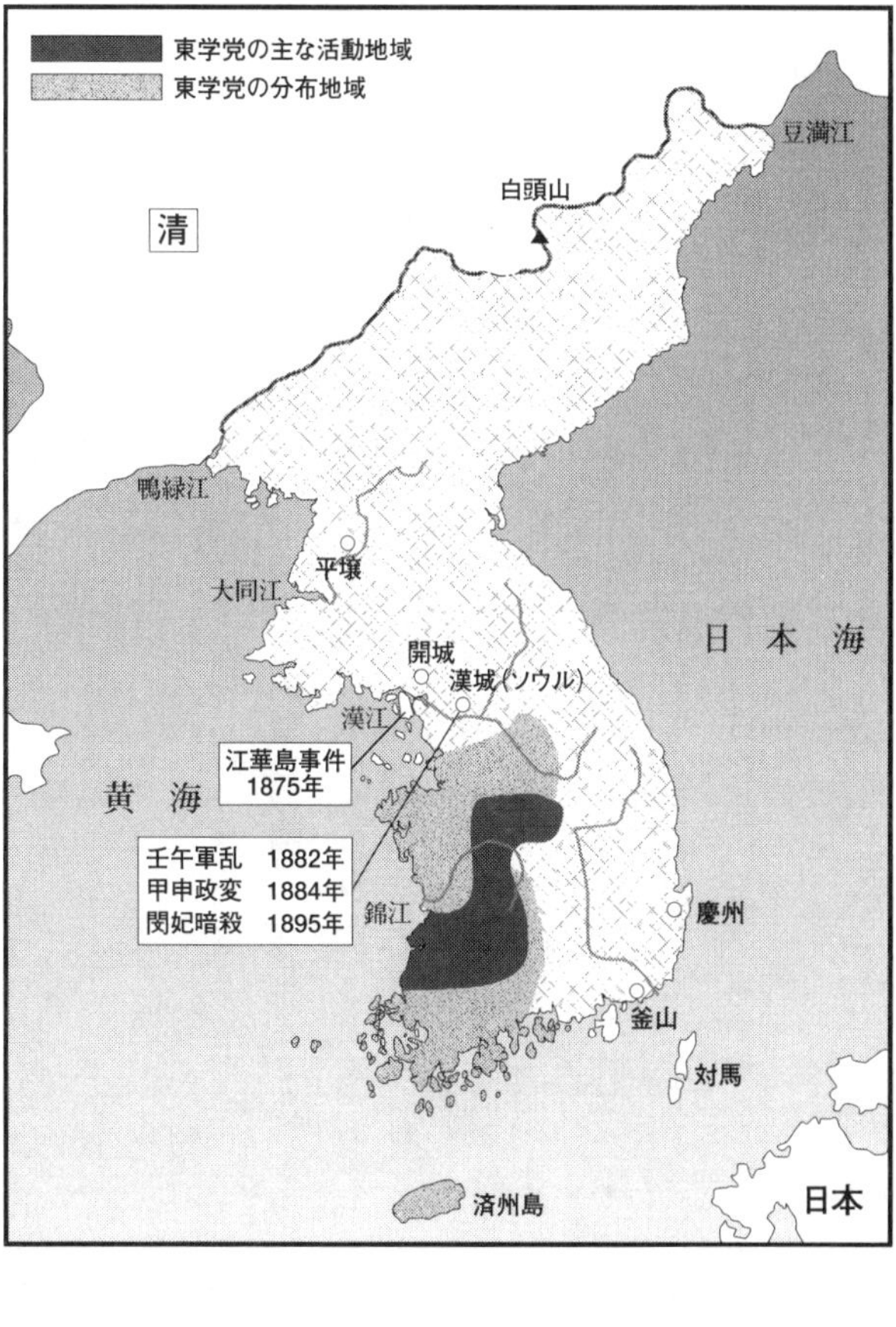

このような措置は評価できたが、党派はそのまま残ったし、地方の両班による農民に対する収奪も変わらなかった。書院の数は、一時、大きく減ったものの、その後はかえって増えた。

しかし、大院君は天主教《キリスト》を邪教として弾圧するのに熱中するあまり、フランス人の宣教師も含む数万人の信者を虐殺したために、西洋の列強との関係を悪化させた。

同時に大院君は「衛正斥邪」を唱えて、鎖国攘夷政策を強行したことで、有名である。一八六六年にフランス東洋艦隊と戦った「丙寅洋擾《ピョンインヤンヨ》」と、その五年後にアメリカ東洋艦隊と戦った「辛未洋擾《シンミヤンヨ》」で勝利を獲得したことから、全国にわたって斥和碑《チョクファビ》を建てて、大いに胸を張った。

同じころに日本や中国が開国したのをよそに、フランス、アメリカの艦隊を撃退し、日本に対して激しい敵意を燃やした。全国へ「排日檄文」を飛ばし、一八七五年に仁川《インチョン》において日本軍艦「雲揚号《うんよう》」を砲撃させて、江華島事件を起こした。もちろん、大院君の排日思想は鎖国政策から発したものだった。

そのかたわら、大院君は、ソウルに壮麗な宮殿である景福宮《キョンボククン》を造営した。その財源を捻出するために増税し、悪貨を鋳造した。そうすることによって民衆の生活を圧迫し、経済が疲弊した。

傾国の政治家・閔妃《ミンピ》の登場

大院君は自分に従順な娘を、高宗の王后としようと捜していた。

大院君は妻の閔《ミン》氏の実家の紹介で、兄弟も姉妹もいない十五歳の閨秀《キュス》――後の閔妃《ミンピ》――のことを知った。

閔妃は困窮した家庭の育ちで、八歳で父母と死別していた。しかし、賢かったために、親戚のあいだで評判がよかった。

そこで大院君はこの親も兄弟もない閔妃を高宗の姫に決め、王妃として冊封《チャクボン》した。

閔妃は王妃になって宮中に入ったものの、王妃とは名ばかりの存在だった。高宗は当時、宮女である李氏を愛して同居しており、正妻である閔妃にはまったく関心を示さなかった。だが、閔妃はいっさい、愚痴をこぼすこともなく、よく礼儀作法を守ったから、宮中で称賛された。

その間、李氏は高宗の寵愛を独占したが、男子を出産し、完和君《ワンファグン》と命名した。祖父である大院君は、大いに喜んだ。閔妃は大院君が満足する姿を見て、不満と嫉妬を爆発させた。そして隠していた爪を、秘かに用いはじめた。天性の政治的手腕を発揮して、大院君に対する謀略をめぐらした。

大院君は閔妃に対して警戒心をまったく抱いていなかったために、油断していた。閔妃は、そこに乗じた。

閔妃は、大院君の反対勢力を糾合《きゆうごう》して、自分の勢力を構築するかたわら、夫の高宗の愛を独占しようと、あらゆる努力を傾けた。

大院君は、ようやく閔妃の戚族《チヨクジヨク》一派が策動しているのを見抜き、李氏の子である完和君が長男であったことから、世子として冊封しようとした。閔妃と大院君との闘争が激化した。

閔妃は、摂政の大院君から嫌われて権力の座から遠ざけられていたあらゆる階層と連絡をとり、不満勢力を抱き込んだ。自分を中心とする政治勢力を形成したうえで、儒生の崔《チエ》益鉉《イクヒヨン》を煽動して、大院君の攘夷鎖国政策を弾劾させた。崔益鉉は国王に上訴した。

閔妃と大院君との溝は日増しに深まり、爆発寸前に迫った。

だが、ここでは国王の意思が絶対だった。国王を掌中に入れていたのは閔妃のほうだった。一八七三年、大院君は九年余にわたった摂政の座を降りて、野《や》に下ることを強いられた。そうして高宗の親政が始まった。が、高宗はあいかわらず酒色に耽《ふけ》っていたから、実質的には閔妃の専制となった。そして、一八七四年に、男子を出産した。後の純宗《スンジョン》王となった王子坧《チョウ》である。

高宗は、妻の閔妃が実父である大院君を追放して、戚族と勢道の悪政を復活させても、享楽に心を奪われていた。李朝の王たちは倫理観を、まったく欠いていた。

儒教の「君君たらずとも、臣臣たらざるべからず」とは、社会秩序を重んずる教えであるが、儒家たちは宮廷にあってこの教えをよく守った。いかなる無道な暴君に対しても、忠義を尽くし、利己主義に徹した。民衆がいくら役人の苛斂誅求《かれんちゅうきゅう》と搾取《さくしゅ》に悩み、両班に財物と美しい妻女を取られて泣いていても、関心を寄せることもなければ、同情することもなかった。儒家たちは一生を通じて、出世の夢にひたすら耽った。

国家予算六年分の大浪費

大院君が失脚したことによって、実権は閔妃一族に移った。閔妃一族の開化党《ケファダン》による新政権は開化政策に転換して外国に門戸を開放し、日本や欧米列強との間に修好条約を結んだ。このために、開化党と、清への忠誠を誓う事大党《サデダン》との間の軋轢《あつれき》が、深刻化した。

一八八〇年、金弘集《キムホンジプ》が日本に修信使として派遣されたが、その折りに、清国の外交官の参替官であった黄遵憲《ファンジュンホン》から、『私擬朝鮮策略』という著書を贈られた。その内容は朝鮮は「親中策」「結日策」「連米策」の三策によって、「ロシアの南下政策を防ぐべきである」というものだった。清国と親しくし、日本と提携し、アメリカと連合するべきだというわけである。金弘集は帰国して、高宗に復命し、この本を献上した。

これに対して、朝廷では賛否両論が展開され、保守的な儒学者たちは強く反対して、「万人疏《マンインソ》」を提出して、金弘集を弾劾した。金弘集の建議は今日から見れば正論であったが、責任を問われて辞職を強いられた。

一八八一年に、近代化の先進国である日本に六〇人以上の若い官僚から構成される「紳士遊覧団」を派遣して、視察させるとともに、軍制を改革し、日本式の軍事訓練を実施した。

閔妃は王子坧《チヨウ》を世子として冊封するために莫大な資金を費やした。そのうえ、閔妃は世子の健康と王室の安寧を祈るために、「巫堂《ムダン》ノリ」を毎日行なわせた。「巫堂ノリ」は巫女たちが狂ったように踊り、祈る呪術である。

そのかたわら、金剛山の一万二〇〇〇の峰ごとに、一峰あたり一〇〇〇両の現金と、一石《こく》の米と一疋《ぴき》の織物を寄進した。つまり、合計して一二〇〇万両の現金と、一万二〇〇〇石の白米、織物一万二〇〇〇疋を布施した。

当時の国家の財政状態は、一五〇〇万両、米二〇万石、織布二〇〇〇疋を備蓄していたにすぎなかったから、閔妃が金剛山に供養した額は、国庫の六倍以上に当たるもので、とうてい耐えうるものでなかった。

これは法外な浪費だった。宮廷の要路（重職）の顕官たちは、民衆から搾取して、競って閔妃に賄賂を贈り、王妃に媚びて「巫堂ノリ」に積極的に参加し、巫女たちとともに踊った。閔妃は、狂気の宮廷に君臨する女王だった。

また、閔妃は音楽を好んだので、毎夜、俳優や歌手を宮中に招いて演奏させ、歌わせた。そして自分も歌った。俳優や歌手たちに惜しみなく金銭を撒《ま》いて、遊興した。

閔妃の執権の一〇年目になると、官吏の給料の支払いが六年間停滞し、王宮を守る近衛の軍人五七七二人に対して一三カ月間分の給料が滞った。官僚は俸給をもらえなくても、農民を搾《しぼ》ればいいから生活に困ることはなかったが、軍人はそのような搾取の手段を持たなかった。それに加えて、苦しくなった歳出を削減するために、兵制を改編して五営を二営に縮小したから、多くの軍人が職を失うことになった。

閔妃政権は、一族の執権を保護した軍人たちを、飢餓の線上へと追いやった。


なぜ、兵士たちは反乱を起こしたか?


一八八二年六月五日に、軍人たちはこれまで滞っていた一三カ月間の給与の一カ月分を支給するという通告を受けて、支給場所に集まった。それまでの不満を我慢して、一カ月分だけでもと期待した。

当時は給与は米で支払われたが、支給された米は濡れていたうえに、土砂が混じり、腐っていた。量も不足していた。この時の米は生産地からソウルへ運搬する途中に、地方の官吏が横取りしたので、不足分を誤魔化すために土砂を混ぜ、重量を補うために川の水を撒いたのだった。そのために、当然のことながら途中で腐敗した。

軍人たちの怒りは、爆発した。この米を配ったのは、閔妃の親戚で、威勢を振るっていた閔謙鎬《ミンキヨムホ》の下僕だった。軍人たちは、下僕に集団で暴行を加えた。

閔謙鎬は下僕が軍人たちから暴行を受けたと知らされて、これらの軍人の先頭にいた人々を逮捕させた。

こうなると、軍人たちは処刑されるのが明らかだから、上司の武衛大将《ムウイデジヤン》である李景夏《イキヨンハ》将軍を訪ねて、事の始終を報告したうえで、投獄された者たちの釈放を斡旋《あつせん》するように懇願した。しかし、李景夏はたとえ武衛大将であるといえども、閔妃政権の高官である閔謙鎬と、面と向かって話すことは難しかったから、部下たちの訴えを書面に認《したた》め、その手紙を閔謙鎬まで届けるように命じた。

軍人たちはこの手紙を携えて、閔謙鎬の自宅に向かった。

そして、閔謙鎬の門前近くで腐敗米を配給した下僕と会って、来意を告げようとしたが、下僕は軍人たちを恐れたので、閔謙鎬宅に逃げ込み、門を堅く閉じてしまった。

軍人たちは門を開くように大声を張り上げたが、答がなかった。興奮した軍人たちは大門を蹴ったりして、大騒ぎを演じた。

まもなく閔謙鎬の下僕たちは、屋根にのぼって、罵声《ばせい》をあげ、屋根瓦を投げた。瓦によって兵卒が頭などに傷を負った。軍人たちは興奮したあまり、喊声《かんせい》をあげて門を壊し、怒濤《どとう》のように屋敷内へなだれ込んだ。閔謙鎬が不在だという返事に、兵士たちは下僕を殴打して、手当たり次第に器物を壊して、家具などを庭に出し、倉庫にいっぱい積まれた財物を奪った。

だが閔謙鎬は閔氏政権のなかでも、もっとも力があった権力者であった。このままでは、兵士たちの生命は風前の灯であった。

軍人たちは前途の望みがなくなったために、坐して死を待つよりはと、雲峴宮《ウンヒオングン》に蟄居《ちつきよ》していた大院君を訪ねて、窮状を訴えでた。大院君は閔妃に復讐する機会を待っていた。そして、ここを政権を奪回する好機と判断した。大院君は軍人の代表格の金長孫《キムジヤンソン》に、密計を授けた。そして大院君はもっとも信頼する家臣に、これらの兵士たちを指揮するように命じた。

大院君はこの騒ぎを起こした軍人たちを利用して、再び権力の掌握に乗り出した。反乱軍の兵士たちの意気は、天を衝《つ》くようにあがり、果敢な行動を開始した。反乱兵は見張りの兵卒を殺して昌徳宮に押し入り、閔謙鎬と京畿道観察使の金宝鉉《キムボヒョン》を発見して、その場で殺害した。

そして、「閔妃はどこか?」と声を張り上げながら、宮城内を虱《しらみ》つぶしに探したが、発見できなかった。

写真がなかったことが、閔妃を助けた。閔妃は中殿（王后のこと）の服を脱いで、多くの宮女に混じって、命からがら城外に脱出した。そして漢江《ハンガン》を渡って、長湖院《ジャンホウォン》の閔応植《ミンウンシク》の邸宅まで避難した。

漢江では、大院君が閔妃の逃亡を防ぐために、女性を舟に乗せることを禁じていたが、閔妃は船頭に金の指輪を渡して買収した。もちろん、船頭は王后であることに気付かなかった。

これが一八八二年の「壬午軍乱《イムオ》」であった。

大院君を清《しん》に売った閔妃の謀略

日本の愚かな女性作家が、閔妃に同情的な本を書いたことがあるが、閔妃は義父に背恩《はいおん》したうえに、民衆を塗炭の苦しみにあわせ、国費を浪費して国を滅ぼしたおぞましい女である。このような韓国史に対する無知が、かえって日韓関係を歪めてきたことを知るべきである。

大院君は賭けに勝ち、七年ぶりに権力を握ったかに見えた。

しかし、閔妃の権謀術数にかなわず、閔妃が清に訴えでたために、大院君は清によって拘束され、天津《てんしん》に拉致《らち》された。

李氏朝鮮は創建された時から独立性がなく、歴代の王と王族は中国皇帝の家臣たちの支配下にあった。李鴻章《りこうしょう》の腹心である袁世凱《えんせいがい》の命令に対して、高宗が一言の異議も挟《はさ》むことなく、実父が強制連行されるのを認めたことは、清の朝鮮に対する宗主権と冊封秩序が、いささかも揺らいでいなかったことを示している。

李朝の領議政、参判などの大臣級の高級官僚たちは、国内の秩序維持に当たっても、宗主国であった清の高官に報告し、その裁可を申請した。

大院君の逮捕は、閔妃の策動により、清の北洋大臣代理の張樹声《ちょうじゅせい》の同意の上に、実行された。

清にとっては、「江華島条約」として知られる「韓日丙子修好条約」によって、日本に機先を制されていたが、「壬午軍乱」の勃発は、勢力を挽回する絶好の機会を提供した。兵乱が起こった時、李朝の参判であった魚允中《オユンジュン》は、清国の馬建忠《ばけんちゆう》と丁汝昌《ていじよしよう》の指示によってこの軍乱を調査した。そして軍乱が軍人たちの不満に便乗して、大院君によって煽動されて起こった事変だったとして、清国軍に直ちに武力介入することを要請した。この調査報告は、前もって清側と打ち合わせておいたとおりのものだった。馬建忠と丁汝昌は、自分たちが書かせた筋書きに従って、朝鮮出兵に乗り出した。

清軍がソウルに進駐すると、大院君を招いて宴会を開催し、何も知らずにやってきた大院君を拘束した。

大院君は、清の皇帝が任命した国王の意思に反して、宮廷を支配したとして、審問を受けた。しかし、王の親であるからとして、寛大な思し召しによって、天津に行き、朝廷（清）の措置を待つように申し渡された。大院君は丁汝昌によって、清国の軍艦に連行された。

閔妃が再び政権を握った。閔妃は日本を捨てて、今度はロシアと結んだ。強く見えるほうについただけのことである。

閔妃は後に一八九五年に「乙未《ウルミ》事変《サビヨン》」によって、日本の浪人によって殺されるが、主犯の三浦《みうら》梧楼《ごろう》のほかに、大院君が謀議に加わっていたという説も否定できない。

金玉均《キムオクキユン》ら開化派によるクーデター

一八八四年に、開化派である独立党が日本の支援によって、クーデターを起こした。「甲申《カプシン》政変」である。

独立党は、高宗に弊政改革を図ることを強いた。高宗は宗室、百官などを引率して宗廟に参拝し、改革の推進を誓ったうえで、これを宣布した。

そして李成桂が自主独立国家であった高麗を潰して中国に隷属して以来、使われなかった「朕」「陛下」「詔」「太子」などの皇室用語をはじめて使用することによって、清国の宗主権を否認した。華夷秩序のもとでは、中国だけに皇室があったのだ。

こうして、一三九二年の李朝開国以来、明と清に隷属した自治省にすぎなかった李氏朝鮮は、四九二年後に、はじめて自主独立体制を確立した。

開化派の中心人物は、金玉均《キムオクキユン》だった。彼は、世界の大勢と朝鮮の近代化改革の必要性を、もっとも早く認識した人物であり、二十一歳で科挙試験に一等の成績で合格した優秀な愛国者であった。

彼は一八八一年に来日して福沢諭吉《ふくざわゆきち》らと接触、一八八三年には最初の近代的新聞「漢城旬報」を発刊し、立憲制度、近代的商工業を紹介した。官位では戸曹参判《ホジョパンソ》（財務部次官）等を歴任、王室からも信任された。

そうして「甲申政変《カプシン》」によって政権を掌握すると、政綱を公布、最初のブルジョワ改革を行なった。

彼の思想と活動は、当時としてはもっとも先進的で、愛国的思想に貫かれていた。

しかし、当時、ソウルには一五〇〇人の清軍が駐留していたのに対して、日本軍は一四〇人しかいなかった。清軍が出動したために、日本軍が敗退して、独立党の政権は文字どおり三日天下で終わった。

李朝五〇〇年の閉鎖と暗黒を救うべく、最善の努力を傾注した金玉均と改革派の努力は、再び清国軍の介入と守旧派の妨害によって崩れたのである。

さらには、惰弱にして鈍感、優柔不断で讒言《ざんげん》を好み、事理に暗い高宗は、事大派、守旧派の讒言に唆《そその》かされて、金玉均ら開化派の亡命先である日本に、刺客《しかく》を送った。

清と李王朝が放つ刺客を逃れて、丸一〇年にわたって小笠原、北海道を転々とした末に、金はついに日本を出て、清の李鴻章《りこうしょう》と面会すべく、危険を知りながら一八九四年二月、上海に到着した。そして旅館「東和洋行」に投宿したが、同年三月二十二日（陽暦三月二十八日）、李朝の放った刺客、洪鍾宇《ホンジヨンウ》によって、暗殺された。四十四歳の天才は、愛国の大望もむなしく、李王朝の下手人によって最期を遂げた。

ロシア公使館の中で政務を執《と》った国王

李朝は信義がまったくなかった。そのために国際的な信頼を得ることも、まったくできなかった。高宗は、実父の大院君と后の閔妃とのあいだで激しい闘争が繰り広げられている間も、傍観を続けて、多数の犠牲を出した。

閔妃の政策も、ある時は清国に接近し、ある時は日本に擦り寄り、親清かと思えば、親日に変わり、日本を捨てると、ロシアと結んだ。庶民の生活を思い遣ることがまったくなかったのは、李朝の支配階級の通弊であったとしても、高宗の実父であり、恩人であった大院君を追放し、清国の袁世凱を唆して逮捕させるなど、智謀家ではあったが、その行ないは倫理に大きくもとったものだった。背恩忘徳の生涯であった。

高宗も、閔妃も、大院君も、ただ権力を維持するために、その時々、力がある外国と結んで利用し、政治を弄《もてあそ》んだ。このような放逸な政治を行なったことから、一八九四年に東学農民の動乱が起きると、その乱の鎮定を清に委ねるという愚行を犯し、日清戦争を誘発させた。しかし、高宗も廷臣たちも、何らの責任も感じなかった。

日清戦争の翌年の一八九六年二月十一日の暁《あかつき》、高宗王と王世子は極秘のうちに、宮城から脱出してロシア公使館に居所を移した。これを「俄舘播遷《アクアンパチヨン》」というが、朝鮮の悲劇は、このように一国の主権者である君主が、みずから王宮を脱するという怯弱《きようじやく》な体《てい》たらくであったことである。

さらには、ロシア公使館に入ると、即座に警務官、安桓《アンファン》を呼びつけ、全然罪のない金《キム》弘集《ホンジプ》総理大臣、鄭 秉夏《ジョンビョンハ》農相工部大臣、兪吉 濬《ユキルジュン》内務大臣、趙義淵《ジョウイエン》、張博《ジャンバク》らの五大臣を、逆賊として捕殺するよう命じた。

このような理不尽な命令を伝え聞いた金弘集内閣は総辞職し、金は「私がこの国の内閣総理大臣として、全力を尽くした上で死を賜うことも天命である」として、従容《しょうよう》として警官と群衆によって惨殺された。鄭秉夏大臣も斬殺され、その屍体も鐘路《ジョンノ》に放置されたまま、群衆の投石を受け、数日間にわたって風雨にさらされた。

正当な理由もなく、裁判もなく行なわれたこの暴挙に対し、ロシア公使も高宗に抗議したほどだった。

呪われた国の悲しい終焉《しゅうえん》

そして李氏朝鮮は、一九一〇年、高宗の子の純宗の代に滅亡した。純宗は、李成桂から数えて二十七代目だった。

李朝は倒れるべくして、倒れた。李氏朝鮮は儒教の朱子学を国教として定めながら、美辞麗句を弄《もてあそ》ぶ裏で、私利私欲に駆られた党派抗争に耽《ふけ》って、汚れきっていた。おぞましい階級制度によって、民衆をほしいままに苦しめて、収奪した。李氏朝鮮は今日の北朝鮮とまったく変わらず、人民には餓死するか、公開処刑によって死ぬか、強制収容所に入る自由しかなかった。

李朝が五世紀にもわたって韓族に君臨したために、韓族の精神を歪めてしまった。「小《ソ》中華《チュンファ》」であることを誇って、呪われた国をつくってしまった。

隣国の日本と何と大きく違っていたことだろう。日本は十九世紀後半に西洋による脅威に直面すると、それを跳《は》ね返すだけ強い力を、徳川期を通じて蓄えていた。ところが、李氏朝鮮は骨の髄まで腐りきっていた。そこで人民の解放は、韓日併合という他力本願のものとならざるをえなかったのである。

解説「本書は、日韓の未来の処方箋である」

井沢元彦（作家）

日本人は韓国の歴史を知らない。これが、著者の崔基鎬《チエケイホ》氏の嘆きでもあり、問題意識のひとつでもある。

まったく同感だ。日本人はあまりにも、隣国である韓国のことを知らなすぎる。この文章を読んでいる方の中には、韓流《ハン》ドラマのファンがいらっしゃるかもしれないが、韓流ドラマの時代劇を観て韓国の歴史がわかったつもりになるのは、大変危険である。

なぜそうなのかということを説明する前に、日本人は現代の韓国のこともあまり知らないということを、指摘しておこう。

『ムクゲノ花ガ咲キマシタ』という小説がある。金辰明《キムジンミヨン》という作家の作品だが、韓国と北朝鮮が軍事同盟を結成し共同作戦で日本を侵略するという話である。その過程で核ミサイルを日本に発射する計画まで検討される。

さて、あなたはこの小説の存在を知っていましたか？　もちろん日本人の中にも、ヘイトスピーチなど、韓国に対して過激な言論を展開する人間はいる。しかしそれは、日本人全体から見ればきわめて少数派だ。

だが、この『ムクゲノ花ガ咲キマシタ』は違う。韓国でなんと100万部を超える大ベストセラーとなったのである。韓国の人口は日本の約半分だから日本だったら200万部を超えた、ということだ。それだけではない。映画化もされ、大ヒットした。こんな映画を作っておいて、よく韓日友好などと口にできるなと、私は思う。

それればかりではない。この金辰明なる作家は『皇太子妃拉致事件』という小説も書いている。ここにはなんと当時の皇太子の雅子《まさこ》妃が、実名で登場する。韓国人に誘拐された雅子妃が日本の植民地支配を謝罪させられる、という話である。

念のために言っておくがこれはまったくの事実である。お疑いなら、ネット等で確かめられればよい。戦争しているわけでもあるまいし、どこの国に隣国の皇族、それも女性を誘拐する話などを実名で書く国があるだろうか。しかも、こんなことをしてもこの作家はまったく糾弾《きゅうだん》されないし、それどころかベストセラー作家であり続けているのである。

これだけでも、いかに韓国が非常識で無礼な国かということが、おわかりだろう。ついでに言っておけば、韓国は日本の天皇を天皇と呼ばず、「日王《イルワン》」と呼ぶ。「皇」に対して「王」という言い方をすれば、それは一段格下げしたことになる。その考え方の発祥の地である中国ですら、今は天皇のことは天皇と呼ぶのに、こんな非礼な話は無い。

日本人なのに韓国の非常識を弁護する人、あるいは韓国の宣伝に乗せられて日本を非難する外国人には、まずこの事実を教えるべきだろう。

では、なぜ韓国はこのような国家なのか？　その謎を解く最も適切な事件が「ナッツリターン」、いわゆる「ナッツ姫」の問題である。この事件をご存じない方は、紙数に限りもあるのでネット等でご自分でお調べいただきたい。私が指摘しておきたいのは、あの「姫」は自分の会社の従業員を対等な人間だとは思っていない、ということだ。日本では完全に消滅したと言っていい、相手を下僕《げぼく》あるいは使用人とみなす感覚、それが事件の最大の原因なのである。韓国は完全な民主主義国家ではない。だからそうした身分感覚がまだまだ濃厚に残っている。

そしてちょっと考えればわかることだが、そういう感覚は国と国との関係でも存在するということは、容易に想像がつくはずである。

韓国は日本を下僕だと思っているのだ。だからこそ、イギリスの皇太子妃を実名で誘拐するなどという小説は絶対出版されないが、日本の皇太子妃なら許されると思っている。

また最近日本が韓国をホワイト国から除外した時、あの国の大統領はいったい何と言ったか。「盗人《ぬすっと》たけだけしい」である。記憶に新しいところだろう。これもよくよく考えていただきたい。自分と対等と考えている国、あるいは人間に対して、そんな言葉を使うだろうか。対等と思っていれば、絶対そんな言葉は使わない、使うのは相手を見下している時だけである。

韓国の異常性というものが、少しはおわかりいただけただろうか。

さて、ここで韓国人の立場に立って考えてみよう。もちろん韓国にも愛国者はいる。ここで言う愛国者とは、いたずらに反日を叫び自国の欠点から目をそらす人間ではない。冷静に客観的に、そして真摯《しんし》に自分の国の欠点を見つめ、それをなんとかしようと考える、真の意味の愛国者のことである。

それがこの本の著者、崔基鎬氏なのだ。なぜ韓国がこんな異常な国家になってしまったかを、崔氏は歴史的見地から徹底的に検証した。それがこの『韓国 堕落の2000年史』である。痛切なタイトルだが、これをあえてつけざるをえなかった著者の思いをどうか汲《く》み取っていただきたい。こうした本は未来に対する処方箋にもなるはずだ。

ところで、ここで読者の皆さんにお伝えしたい、きわめて重要な最新情報がある。

実は私は2019年8月15日、光復節《こうふくせつ》の韓国に行ってきた。文在寅《ムンジェイン》政権下の反日状況を現地取材するためである。

当然、本書の第8章で語られている「屈辱の碑」、つまり「大清皇帝功徳碑」も見に行った。そして仰天した。まず碑は移転されていた。移転先はソウル市内だからまだいいのだが、本書201ページに写真のあるレリーフ、つまりこの碑が、どのような歴史的意義を持つかということを視覚的に明快に説明したレリーフは、完全に撤去されていた。「歴史的価値はない」からだそうだ（あくまで想像だが移転自体「不愉快な」レリーフを撤去するのが目的だったのかもしれない）。ならば「歴史的価値がある」はずの「大清皇帝功徳碑」はどうか？　なんと碑文が全面的に塗りつぶされていたのである。

証拠の写真も撮《と》ってきた（次ページの写真がそれです）。ごらんのとおりだ。人を介《かい》して、なぜそんなことをしたのか、管理しているソウル市に説明を求めたが、回答はなかった。韓国は日本に対して二言目には「過去の歴史から目をそらすな」などと口にするが、こういうことをしておいて、よくそんなセリフが口にできるなというのが、私の率直な感想である。

読者の皆さんはどのようにお考えだろうか。とにかく今後も、この碑が韓国人によってどういう扱いを受けていくか、注視したい。それは韓国人が歴史をどのように考えるか、これを知るリトマス試験紙になるからだ。

ただ残念ながら、今の韓国ではこういうことを書くと非国民呼ばわりされる。だから書くこと自体大変な勇気を必要とすることは、知っておいていただきたい。

崔氏を非国民だとする、韓国の態度が正しいか間違っているか、冒頭に指摘した韓流ドラマの時代劇が本当のことを言っているかどうか、ぜひこの本を読んでご自分の目で確かめていただきたい。

２０１９年現在、「大清皇帝功徳碑」の碑文は、ほぼ全面が塗りつぶされている。上部にわずかに彫り跡が残るのみだ。（撮影／井沢元彦）

★読者のみなさまにお願い

この本をお読みになって、どんな感想をお持ちでしょうか。祥伝社のホームページから書評をお送りいただけたら、ありがたく存じます。今後の企画の参考にさせていただきます。また、次ページの原稿用紙を切り取り、左記まで郵送していただいても結構です。

お寄せいただいた書評は、ご了解のうえ新聞・雑誌などを通じて紹介させていただくこともあります。採用の場合は、特製図書カードを差しあげます。

なお、ご記入いただいたお名前、ご住所、ご連絡先等は、書評紹介の事前了解、謝礼のお届け以外の目的で利用することはありません。また、それらの情報を6カ月を越えて保管することもありません。

〒101-8701（お手紙は郵便番号だけで届きます）
祥伝社新書編集部
電話03（3265）2310
祥伝社ホームページ　http://www.shodensha.co.jp/bookreview/

★本書の購入動機（新聞名か雑誌名、あるいは○をつけてください）

＿＿＿＿新聞の広告を見て	＿＿＿＿誌の広告を見て	＿＿＿＿新聞の書評を見て	＿＿＿＿誌の書評を見て	書店で見かけて	知人のすすめで

★100字書評……韓国 堕落の2000年史

名前					
住所					
年齢					
職業					

崔 基鎬　チェ・ケイホ

1923年生まれ。明知大学校助教授、中央大学校教授、東国大学校大学院教授、伽耶大学校客員教授を歴任。民間レベルでの日韓関係発展に努め、サハリン在住韓国人の本国往来問題、原爆被爆者の治療援助、在日韓国人の法的地位向上に尽力。日韓文化交流協会顧問、富山県韓国交流推進アドバイザーなども務めた。

韓国《かんこく》 堕落《だらく》の2000年史

崔《チエ》 基鎬《ケイホ》

2019年10月10日　初版第1刷発行

発行者……………辻 浩明
発行所……………祥伝社《しょうでんしゃ》
〒101-8701　東京都千代田区神田神保町3-3
電話　03(3265)2081(販売部)
電話　03(3265)2310(編集部)
電話　03(3265)3622(業務部)
ホームページ　http://www.shodensha.co.jp/

装丁者……………盛川和洋
印刷所……………堀内印刷
製本所……………ナショナル製本

Printed in Japan ISBN978-4-396-11586-9 C0220